国貧論

水野和夫

太田出版

国貧論

目次

第一章

国貧論

第二章

資本主義の黄昏

第一章　国貧論

国民の「貧」の性質と原因の研究

1　成長戦略下で一段と困窮化する「中の中」以下の家計

近代を「成長がすべての怪我を治す」時代だと規定したのはF・ブローデルである。カール・シュミットが19世紀を「経済主義の時代」、20世紀を「技術の時代」だとその特徴を見抜いたように、ブローデルの近代社会＝成長社会という指摘は近代を通底する原則となった。

その原則が通用したのは、「新大陸発見」などによって実物投資空間が「無限」に広がっていたからである。資本主義は利潤を求めて、次々と外部に「周辺」をつくり出し、「中央」に集めた富で経済成長を続けることができた。

ところが、21世紀にはいると、近代が前提としていたことが成り立たなくなった。21世紀においてアフリカまでグローバリゼーションが到達したことで、物理的な空間は「閉じて」しまったからである。

それでも資本は自己増殖しようとする。金《カネ》が金《カネ》を生む新しい空間、すなわち無限な「電子・金融空間」をつくって利潤の極大化を図ろうとする。必然的に先物市場が実需から遊離して膨張し、金融資本市場はバブル化しやすくなる。サマーズ元米財務長官が指摘した「バブルが3年に一度生成し、崩壊する」世界である。

こうした資本主義は雇用を新たに創出するどころか、バブルが崩壊するたびに大リストラを断行して、賃金水準を引き下げていく。もはや外部に「周辺」を見いだせないため、無理やり国内に「周辺」をつくり出し、そこから収奪することで利潤を確保しようとするのだ。この国でも国民の賃金は下がり続け、一方で大企業は史上空前の利益を叩き出している。

アダム・スミスの時代の資本主義は「国富」を増加することで国民の生活水準は高まっていったが、もはや21世紀の資本主義は「国貧論」に成り下がった。２０１５年の世界の資産保有額上位62人総資産額は１・７６兆ドル（１８０兆円）に達し、下位50％（世界人口の半分36億人）の人々の総資産に匹敵するという報告が、２０１６年１月の世界経済フォーラムで発表された。この凄まじいまでの富の格差は、生産性の違いだという従来の説明できるレベルをはるかに超えてしまっている。しかも、２０１０年からの5年間で、上位62人の資産は44％も増加し、貧しい半分の人々の総資産は41％減少した。格差は拡大する一方である。次に代わるものがないからといって21世紀の資本主義を維持していると、国民はますます貧しくなっていく。いや、国民どころか全人類の99％が貧しくなっていくのだ。本書では、この「国貧論」の実態を暴いていくことになるだろう。

この20年近く、成長戦略がこの国の政策の基本となっているが、一向に成長しないのは、21世紀以降、小泉純一郎内閣の「骨太の方針」や安倍晋三内閣の「アベノミクス」の基本方針である「改革なくして成長なし」がそもそも間違っているからである。

この国の成長戦略には主語が抜けている。誰が成長しているかというと、株主が成長しているにすぎない。しかも株主のうち半分は外国人投資家が占める。そもそも、成長戦略が成功するとは、「失われた20年」の間に低下し続けた実質賃金の下落に歯止めをかけ、最終的には将来の不安を取り除くことであるべきだ。

この観点から評価すると、実質賃金は１９９７年度をピークにいまだ下落傾向に変わりなく、21世紀以降の成長戦略は失敗と言わざるをえない。実質賃金は１９９７年度以降、年平均で０・７９％下落している。小泉内閣の「骨太の方針」が最初に打ち出したのが２００１年6月だったので、２００１年度と２０１５年度を比較すると、実質賃金は年

0・82％下落している。成長戦略を次々と打ち出した2001年度以降2015年度までのほうが、金融システム危機に見舞われた1997、1998年度、そしてネットバブル崩壊と危機の連続だった1990年代後半の時期よりもパフォーマンスが悪いのである。アベノミクスの3期間の実質賃金は年1・4％減で最悪である。消費税引き上げに耐えられる経済体質にすることに失敗したことになる。

また雇用について検討してみると、安倍政権が誕生して以降、就業者数は136万人増加しているが、雇用の質が低下していることに大きな問題がある。同じ期間で、正規雇用と非正規雇用にわけてみると、前者が5万人減少し、後者が162万人増加している。安倍政権は雇用形態が非正規雇用であっても夫婦二人で働く機会が増えたことを理由にアベノミクスは上手くいっているという。

仮にそうだとすれば、二人以上世帯に余裕がでていなければならない。余裕がでたか否かは、世帯当たりの純貯蓄残高（＝貯蓄－負債）を平均値ではなく中央値でみるのが適切である。安倍政権誕生直前の2012年には320万円の負債超から2015年には434万円の負債超へと、少なくとも全勤労者世帯のうち半分の家計は負債が増え、苦しくなっていることが分かる。さらに期間を広げて成長戦略が予算に反映された2002年と比較すると、当時は20万円の貯蓄超過だったので、政府が成長戦略に力を入れれば入れるほど、家計は困窮化していったのである（図1）。

内閣府が年に1度実施するアンケート「国民生活に関する世論調査」でみても、家計の困窮化が確認できる。「今後の生活の見通し」について「良くなっていく」と答えた人の割合から「悪くなっていく」と答えた人の割合を差し引いて「今後の生活見通しＤＩ」を作成すると、２０１２年６月調査ではマイナス20・1％ポイントだったが、２０１５年6月にはマイナス16・1％ポイントへと4％ポイント改善はしている。ただ、このＤＩは１９９９年に大幅にマイナスを記録し、それ以降、マイナス19・1％ポイント（平均値）をはさんで上下マイナス15・7〜マイナス23・8％ポイントの範囲[3]で推移しており、改

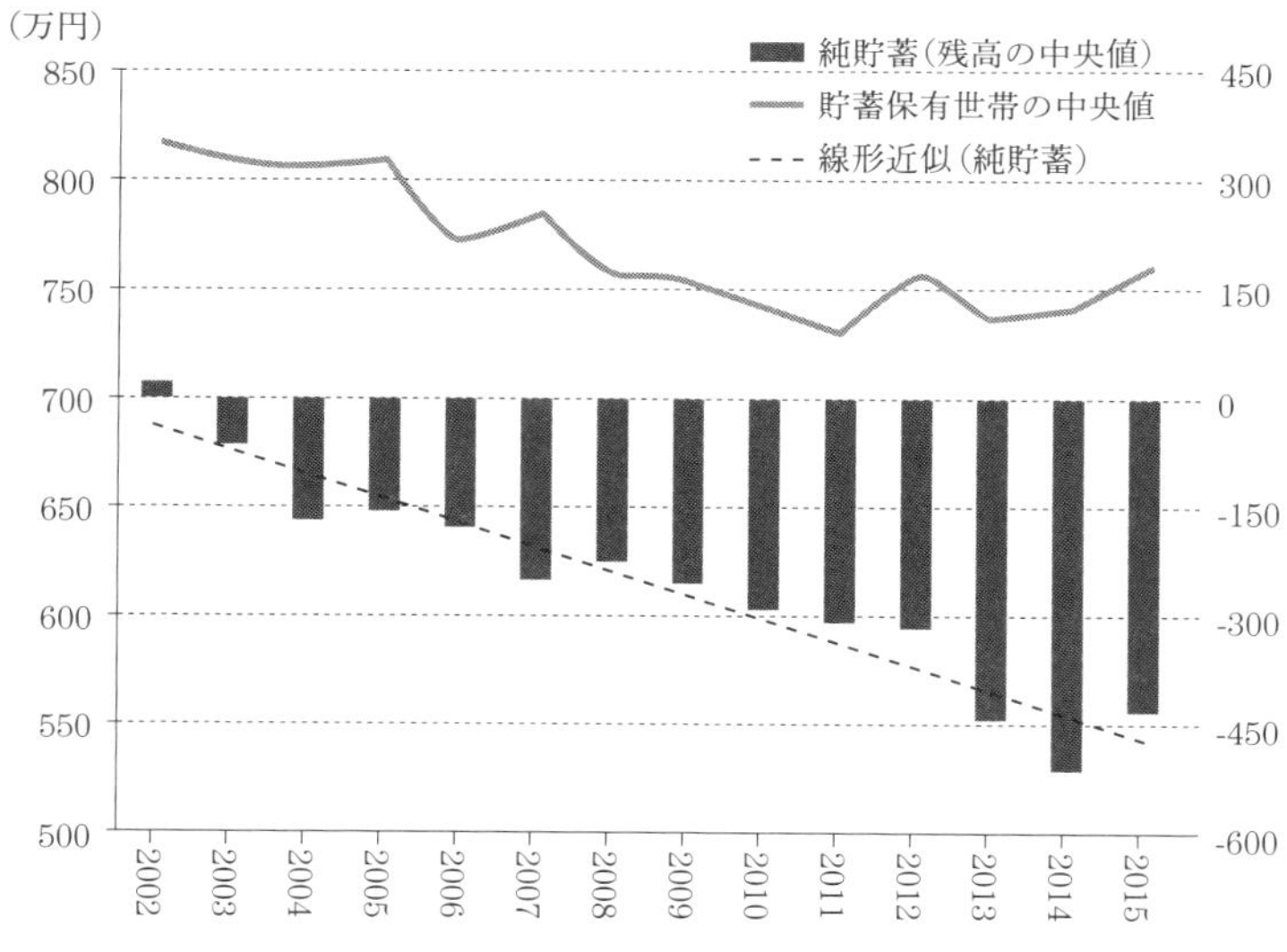

図1（純）貯蓄残高（中央値）

出所：総務省「家計調査報告」（貯蓄・負債編）平成27年（2015年）結果速報

善傾向も悪化傾向も示していない。

とりわけ、問題なのは生活程度別に回答されている今後の生活の見通しである。それによれば、２００２年と２０１６年調査を比較すると、全体としてみれば、ＤＩはマイナス16・６％ポイントからマイナス16・１％ポイントへと若干の改善を示してはいるが、生活の程度が「上」と答えた人たちは、プラス14・３％ポイントから35・１％ポイントへと20・５％ポイント改善しているのに対して、「中の中」と答えた人はマイナス11・１％ポイントからマイナス11・９％ポイントへとマイナス０・８％ポイント悪化している。「中の下」、「中の中」と答えた人も同様である。[4] 方向がまったく別となって、国民国家の分裂が起きている。

生活程度が「上」の層は、当初から「良い」が「悪い」を上回っていたが、２０１６年になるとさらに今後の生活は良くなると思う人が増加した。もともと「悪い」が「良い」より多かった「中の中」以下は今後の生活見通しは、さらに悪くなると思う人が増えている。２００２年以降の成長戦略は生活程度が「上」[5]の層には成長戦略は多大な恩恵を、そして「中の上」の層には若干のプラスの効果[6]を与えたが、それ以外のおよそ８割弱の人々にとってはマイナスの効果となっていたことになる。

生活程度が「中の中」の割合は56・３％、「中の下」は22・９％、合わせて８割弱のいわゆる中間層は今後の生活の見通しが「悪化」すると考えており、成長戦略のもとで中間層の没落が起きているのである。中間層の没落は、日本銀行の「家計の金融行動に関するアンケート調査」でも確認できる。金融資産を保有しない世帯が２０１５年には30・９％に上り、１９８７年の３・３％から急増している。この比率はバブルが崩壊するたびに10％ポイント弱上昇している。あと３回バブル崩壊型の不況を経験すると、日本も欧米並みに50％の人が無産階級になってしまう。

一方、１億２０００万人の金融資産を合計した個人金融資産はこの間も着実に増加している。２００１年度末（２００２年３月末）には１４１７兆円だった個人金融資産は２０１６年末には１７４１兆円に増加している。この間の増加率は年率１・５％のペースである。一方、勤労者世帯で二人以上の世帯の貯蓄残高（株式か個人年金なども含む）は中央値で減少している。

２　「アベノミクス」は資本の成長戦略

企業、とりわけ資本金10億円以上の大企業からみれば法人減税も実施されるなど「アベノミクス」は大歓迎である。大企業の最終利益は２０１３年度から２年連続で過去最高益を更新し、２０１５年度も過去最高益を達成する見込みである（図２）。アベノミクスの直前の２０１２年度と２０１４年度を比較すると、大企業の最終利益は１・９８倍に増加した。[7] ＲＯＥ（株主資本利益率）も２０１５年度に７・４％に達した見込みである。２０１２年度が４・１％だったので、著しい改善となった。アベノミクスは資本を成長させることに大成功だったし、経済産業省はその傾向をさらに後押ししようとする。

　経済産業省はＲＯＥを最低で８％、さらには二桁を目標にするよう企業に求めている。経済産業省は２０１４年８月６日に「伊藤レポート」[8]を公表した。この報告書のポイントは「最低限８％を上回るＲＯＥに達成することを各企業はコミットすべきである」と数字を出したことだと、このプロジェクトをまとめた伊藤邦雄一橋大学大学院商学研究科教授

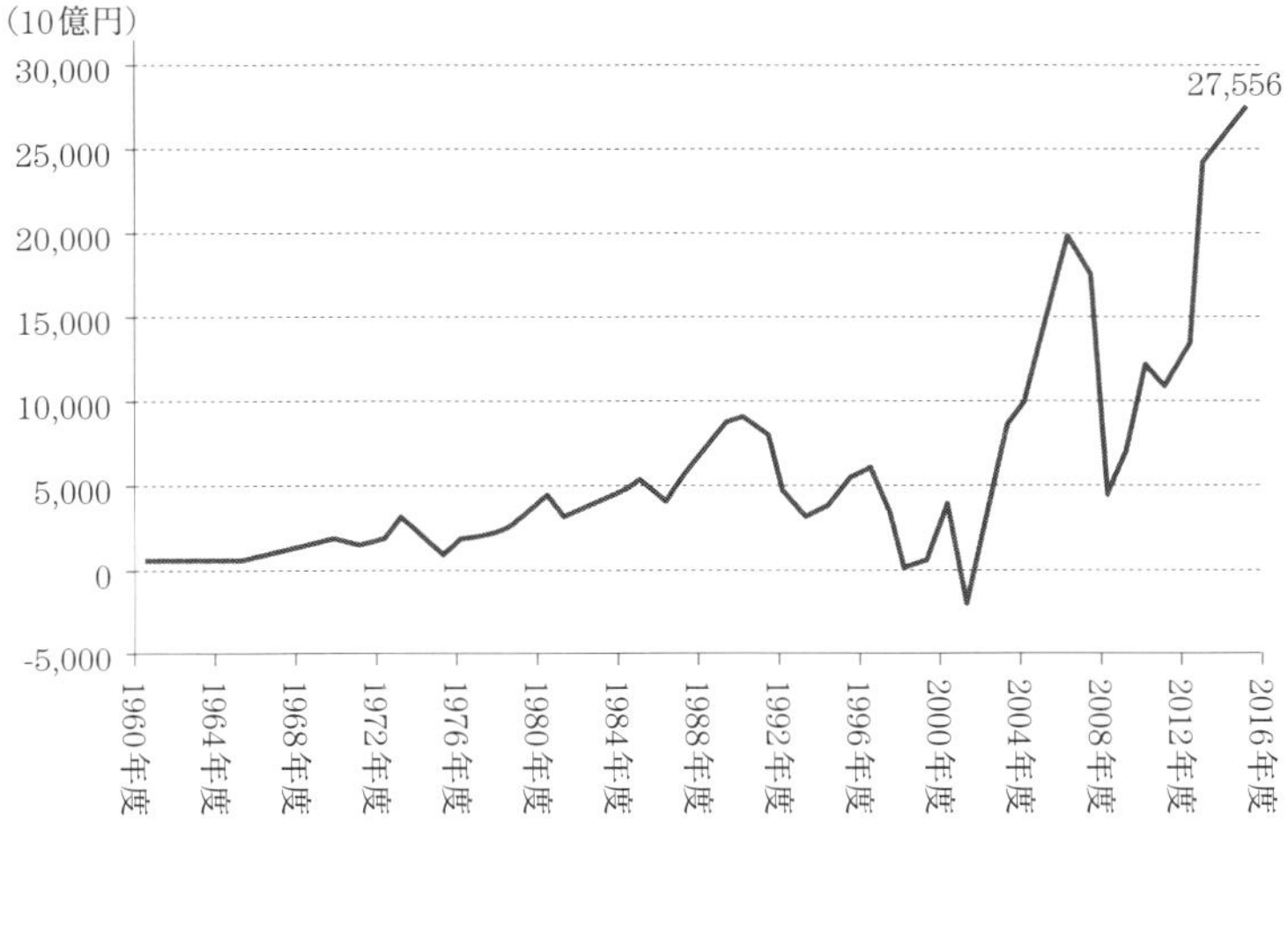

図2 大企業の当期純利益

出所：財務省「法人企業統計年報」

（当時）はいう。[9] さらに、日本企業のＲＯＥが低い理由を売上高利益率の低さに求め、「まずは投資家が最も重要視する指標であるＲＯＥを国際水準と比べてそん色ないところまで引き上げる努力を行うべきである」[10]と提言する。国際水準とは米企業の22・８％（２０１２年）であり、欧州企業の15・０％である。[11]

２０１２年の日本企業のＲＯＥは同レポートによれば、５・３％だったので、３～４倍に最終利益を増やすか、自社株買いをして自己資本の償却をするしかない。しかし、この提言は机上の空論で、戦後における日米企業の歴史的経緯を無視したものと言わざるをえない。日本企業の売上高利益率が３・８％に対して、米国が10・５％、欧州企業が８・９％となっているのは、米欧の経済がつねに需要超過（貯蓄不足）型で、日本は供給超過（投資超過）型という差があるからである。

グローバル化が世界を席巻する以前においては、たとえばプラザ合意や１９９０年代前半の日米構造協議などで、経常収支不均衡を是正する経済政策が日米で採用されたが、１９９０年代後半にグローバル化が世界中に広まると米国は経常赤字を是正することをやめて貯蓄不足の米国が日本や中国などの貯蓄超過の国から資本流入することに政策転換したのである。供給力過剰型の日本では過当競争になって売上高利益率が低くなるのは必然である。

いま問わなければならないのは、「成長戦略」を誰のために実施しているのかである。すでに3年経過して分かったことは、家計でいえば生活の程度が「上」（1％）の人と資本金10億円以上の大企業のための「成長戦略」であるということである。政府が企業に欧米並みのＲＯＥを求めれば求めるほど、人件費圧縮が生じ、生活の程度が「中の中」以下の人々の「今後の見通し」は一段と悪化することになる。

「資本の成長戦略」を破棄し、企業の最終利益を最低限に抑制し、人件費を増やす政策に転換すべきである。企業の最終利益は最終的には新規設備投資のためにあるが、日本では工場、店舗、オフィスビルは「過剰」である。それなのに、利益を高めれば、将来の不良債権を生むだけである。不良債権処理の過程で大リストラが実施されてきたことはこれまでの歴史が証明しているのである。（「マイナス金利と資本の帝国」『生活経済政策』２０１６年６月号を改題のうえ加筆）

参考文献

- 郭四志（２０１６）「急減速する中国経済を習近平は立て直せるのか」『中央公論』２０１６年６月号
- 伊藤邦雄（２０１４）「持続的成長への競争力とインセンティブ～企業と投資家の望ましい関係構築～」プロジェクト最終報告書

注

1 「労働力調査」（総務省）より、２０１２年12月と２０１６年３月の数字を比較（季節調整済係数）。

2 「労働力調査」（総務省）の年齢階級、雇用形態別雇用者数より、２０１２年10‐12月期と２０１６年１‐３月期を比較。この間の雇用者数は１５９万人増加。就業者数は自営業などを含むので、雇用者と就業者は対象が異なる。

3 １９９９～２０１６年までの「今後の生活見通しＤＩ」の平均値はマイナス19・１％ポイントで、±１倍の標準偏差の範囲がマイマス15・７～23・８％ポイントである。同期間の傾向線（ｔ＝年）を計算すると、マイナス０・０１３でほとんどフラットである（時間の経過とともの悪化も改善もしない）。

4 中の下の「今後の生活見通しＤＩ」は、２００２年には29・３％ポイントから33・９％ポイントへと４・６％ポイント悪化している。

5 ２０１５年の調査では５８３９人の回答中、77人が「上」と答えている（比率は１・３％）。２００２年の調査で「上」と答えた人は７０２９人中49人だった（割合は０・８％）。

6 生活程度が「中の上」の人は、２００２年と２０１６年を比較すると、１・５％ポイントから５・６％ポイントへと４・１％ポイント改善している。「中の上」の人の割合は２０１６年調査で12・９％だった（２００２年は11・３％）。

7 ２０１２年度の大企業の最終利益は13・０兆円で、２０１４年度は25・８兆円となった。リーマンショック直前で過去最高は２００６年度の19・７兆円だった（財務省「法人企業統計年報」）。２０１５年４～12月までの大企業の経常利益は前年同期比６・７％増だった。特別損益に大きな振れがなければ、２０１５年度の最終利益は27・６兆円となる見込み。

8 正式名称は、「持続的成長への競争力とインセンティブ～企業と投資家の望ましい関係構築～」プロジェクトの最終報告書。

9『M&A専門誌マール』（2014年12月号　242号　編集長インタビュー）より。
10 伊藤邦雄（2014）39頁。
11 伊藤邦雄（2014）37頁の図3。

マイナス金利の真実

日本銀行の黒田東彦総裁が、２％の物価上昇を目指して量的・質的金融緩和（異次元緩和）を導入してから丸３年が経過した。だが、いまだその目標は実現しないばかりか、まるで逃げ水のように遠のくばかりだ。

そこで日銀は１月29日、前代未聞のマイナス金利の導入を決めた。

すなわち、「民間銀行が日銀に預ける当座預金金利をマイナス０・１％にすることで、短期から長期までの金利全般を押し下げ↓貸出金利の低下↓企業や個人の投資や消費を促し↓景気回復↓物価上昇」というシナリオの実現をもくろむ。

反民主主義

確かに黒田総裁のもくろみどおりに金利は低下し、2月9日に初めて長期金利（10年国債利回り）がマイナスになる事態が発生した（図3）。

しかし、私は黒田総裁の意図とはまったく逆に、国民はマイナス金利という劇薬の前に大きな不安を抱き、生活防衛に走ると思う。事実、自宅などに現金を置こうと、金庫が売れている。この国民の防衛本能は、マイナス金利が意図するもう一つ別のもくろみを見透かしている証拠ではないか。

別の意図とは、マイナス金利を通じて国民の金融資産を目減りさせながら、国の借金を減らすという恐ろしい事態を指す。つまり10

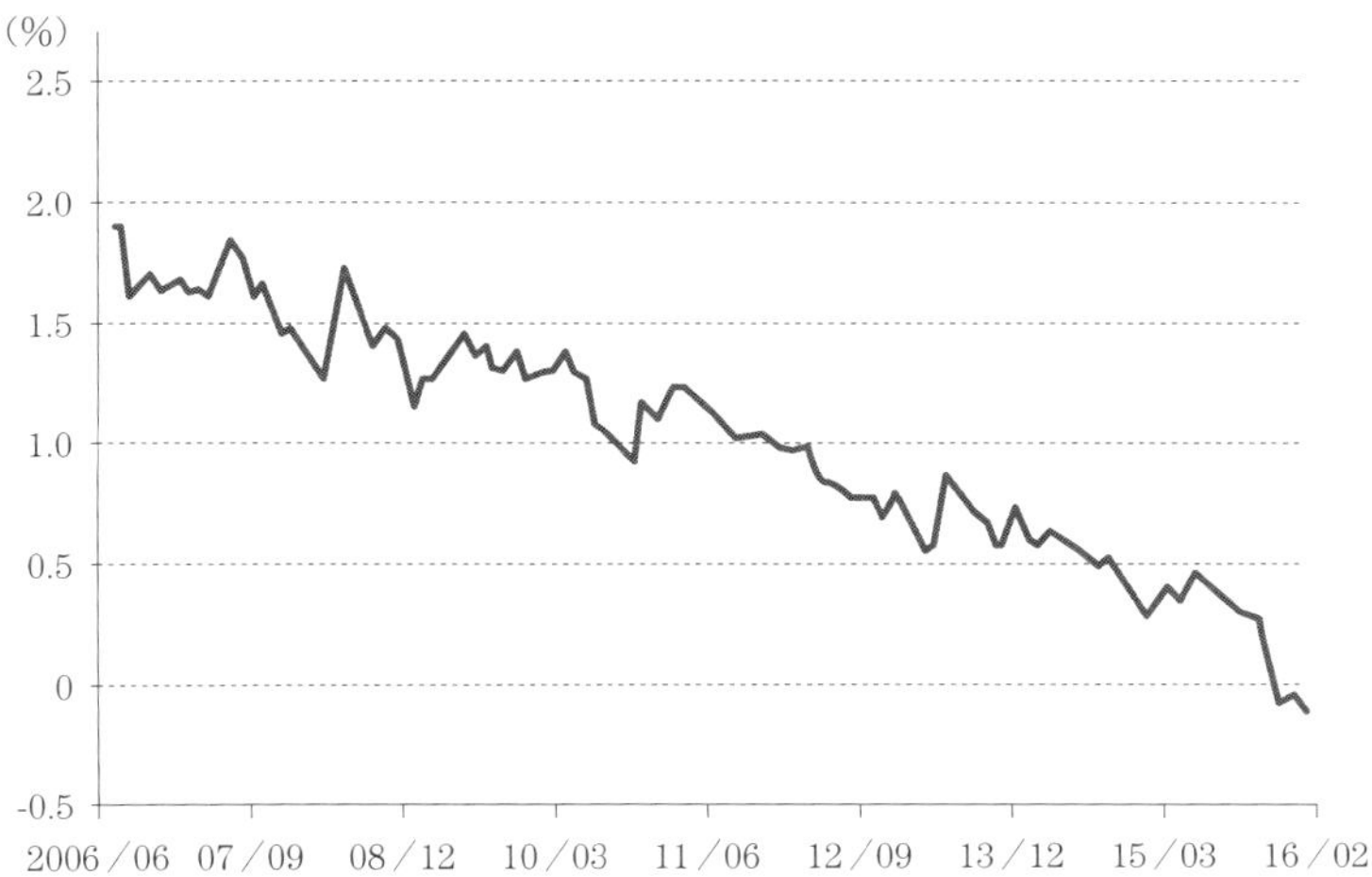

図3 10年国債利回り
出所：日本相互証券株式会社

年国債利回りがマイナスになったことで、マイナス金利政策は実質的に金融資産課税に等しい。課税は本来国民の代表である国会議員が国会で決めることであるはずなのに、選挙で責任を取ることのない日銀が行っているという点で、民主主義に反する。

これまで国債の暴落（金利急上昇）に伴うハイパーインフレが、日本の財政破綻につながり、国民経済に甚大な被害をもたらすと、多くの学者やエコノミストが警鐘を鳴らしてきた。だが、現実には国債の暴落ではなく、マイナス0・1％というわずかなマイナス金利（今後マイナス幅の拡大はあるだろうが）、つまり国民の金融資産課税でジワジワと時間をかけて、近代資本主義が生み出した過剰ストックと債務を強制的に調整する局面に入った。日本人は世界に先駆けて資本主義の終焉に直面し、それをみとることになる。

貨幣は石から種子に

「資本主義の致命的な欠陥は、過剰を止められないことだ」――。『資本論』で資本家の搾取こそが利潤の源泉と見抜いていた19世紀の思想家カール・マルクスは、資本主義の本質をこう喝破した。

資本とは「お金（貨幣）を生み出すお金」のことをいう。お金そのものは資本ではなく、銀行に預けて利子や株式に投資して配当を受けることで初めて資本となる。そして、お金を最も効率よく増やすシステムが資本主義だ。

だが、資本主義は人々の強欲と結びつき、際限なく拡大し、膨張を続けてしまう。その結果、生み出す過剰を止められず、バブルの生成と崩壊を繰り返す。「供給が需要を生み出す」といったプラス成長の時代は終わった。需要をはるかに上回る供給過剰が長期のデフレを発生させることを日本が証明した。

マルクスは、こうした資本主義が持つ致命的な欠陥をいち早く見抜いていたのだ。

この資本主義の始まりは、13世紀の欧州・イタリアにさかのぼる。それまでキリスト教が禁じていた利子の受け取りが正当化されたことが契機となった。1215年ローマ教会が利子を公認し、貨幣（お金）は、「何も生み出さない石から果実をもたらす種子」に変化した。

時間と知を神から人間に

この経緯をもう少し詳しく、説明しておこう。

本来、キリスト教は金利の受け取りを禁止していた。より正確を期せば、中世後期から「高利貸し（中世ではウスラ）」が禁止されていたのである。

聖ヒエロニムスが訳したラテン語の聖書によれば、「ウスラを目当てに金を貸してはならず、また、過剰の糧を要求してはならない」とある。

つまり、過剰を禁じていたのだ。

世俗界でも、フランク王国の王で、西ローマ帝国を継承したカール大帝が789年に聖職者ならびに一般信徒に対してウスラを禁止している。当時、まだ貨幣の使用と流通が普及していなかったことが背景としてある。

しかし、12世紀を通じて貨幣経済が広く社会生活全般に浸透し始めると、イタリア・フィレンツェに資本家が登場し、金融経済が急速に発達する。メディチ家のような銀行は為替レートを利用して、こっそり金利をとるようになった。利子をとるという行為は本来、神の所有物である「時間」を人間が奪うことを意味するため、キリスト教ではそれまで禁止していた。それをローマ教会が、次のような奇妙な理由で容認する。

「利子が支払いの遅延にたいする代償、あるいは両替商や会計係の労働にたいする賃金、さらには、貸付資本の損失リスクの代価とみなされるときには、貨幣貸付けに報酬がなされてもよい、といささか偽善的に容認する。ただしあまりに《高い》利子は認められなかった」（ジャック・アタリ『所有の歴史』）

同時に、12世紀にイタリアのボローニャ大学が神聖ローマ皇帝から大学として認められた。13世紀にはローマ法王からの認可も受けた点を見逃すべきではない。中世では「知」

も神の所有物という考えだったが、ボローニャ大学の公認は広く知識を普及することを意味する。つまり、「知」を神から人間に移転させる端緒がボローニャ大学の公認だった。
12、13世紀から15世紀までが資本主義の懐妊期間と位置付けられると私は考える。「時間」と「知」を神から人間に譲渡され、その後、「長い16世紀」に英国が展開する「海賊資本主義」や宗教改革でラテン語から俗語へと交代劇が起こる過程で「出版資本主義」に結実する。
それ以来800年間にわたって資本主義は機能してきたが、ついに耐え切れず、マルクスが指摘した過剰の調整をマイナス金利によって行う局面に日本は突入した。つまり、貸し借りされるお金が再び石に戻り、さらにマイナス金利に伴う長期金利のマイナス化によって石が欠けてしまう事態になったのだ。

少数の人間が利益を独占するシステム

第一次大戦直後のドイツや戦後の日本が経験したハイパーインフレは、国民には過酷だが、比較的短期間で混乱は終息した。だが、マイナス金利による借金の調整は30年、50年、いや100年単位の長時間を要することになるだろう。順を追って説明しよう。

資本主義は、西欧の本質的な理念である「蒐集《しゅうしゅう》（所有欲）」に最も適したシステムである。逆の言い方をすれば、西欧は蒐集のための最適なシステムとして、資本主義を発明した。そのため、必然的に過剰を内蔵する宿命でもあった。

12世紀に、その萌芽《ほうが》を現した資本主義は、時代とともに中身は変わっていった。その勃興期ともいえる16世紀半ばから18世紀には、輸出超過で国を富ませる重商主義だったが、自国工業力が他国を圧倒するようになると、自由貿易を推進し、他国が経済力をつけ追随するようになると植民地主義に形を変えた。そしてITと金融自由化が進むと、グローバリゼーションによって資本主義（グローバル資本主義）を推進した。

しかし、どの時代であっても資本主義の本質は周辺（フロンティア）から中心（資本家）という分割に基づいて富を周辺から中心に蒐集し、中心に集中させるシステムに変わりない。

では、「資本主義はグローバリゼーションによって、これまで先進国が独占してきた富が新興国にも分配され、格差は縮小した。これは資本主義が中心と周辺を分断し、中心に富を集中させるシステムであるということとは矛盾するのではないか」という反論には、どう答えるか。

結論を急げば、まったく矛盾しない。資本主義と結びついたグローバリゼーションは、必ず別の周辺を生み出すからだ。グローバル資本主義は、国家の内側にある均質性を消滅させ、同じ国の内部に「中心」と「周辺」をつくり出す。そもそも資本主義はその誕生以来、少数の人間が利益を独占するシステムにほかならない。

格差拡大が必然

世界の一人当たり平均実質ＧＤＰ（国内総生産）の２倍以上ある国を高所得国と定義し、その人口を合計して世界総人口で割った数値を「世界の高所得人口の割合」としよう。この推移をみると、西欧で資本主義が発達し始めた１８７０年から２００１年までは、世界総人口のうち約15％が豊かな生活を享受できたことが分かる（図４）。約15％には、資本主義を採用した西欧と米国、日本が含まれる。

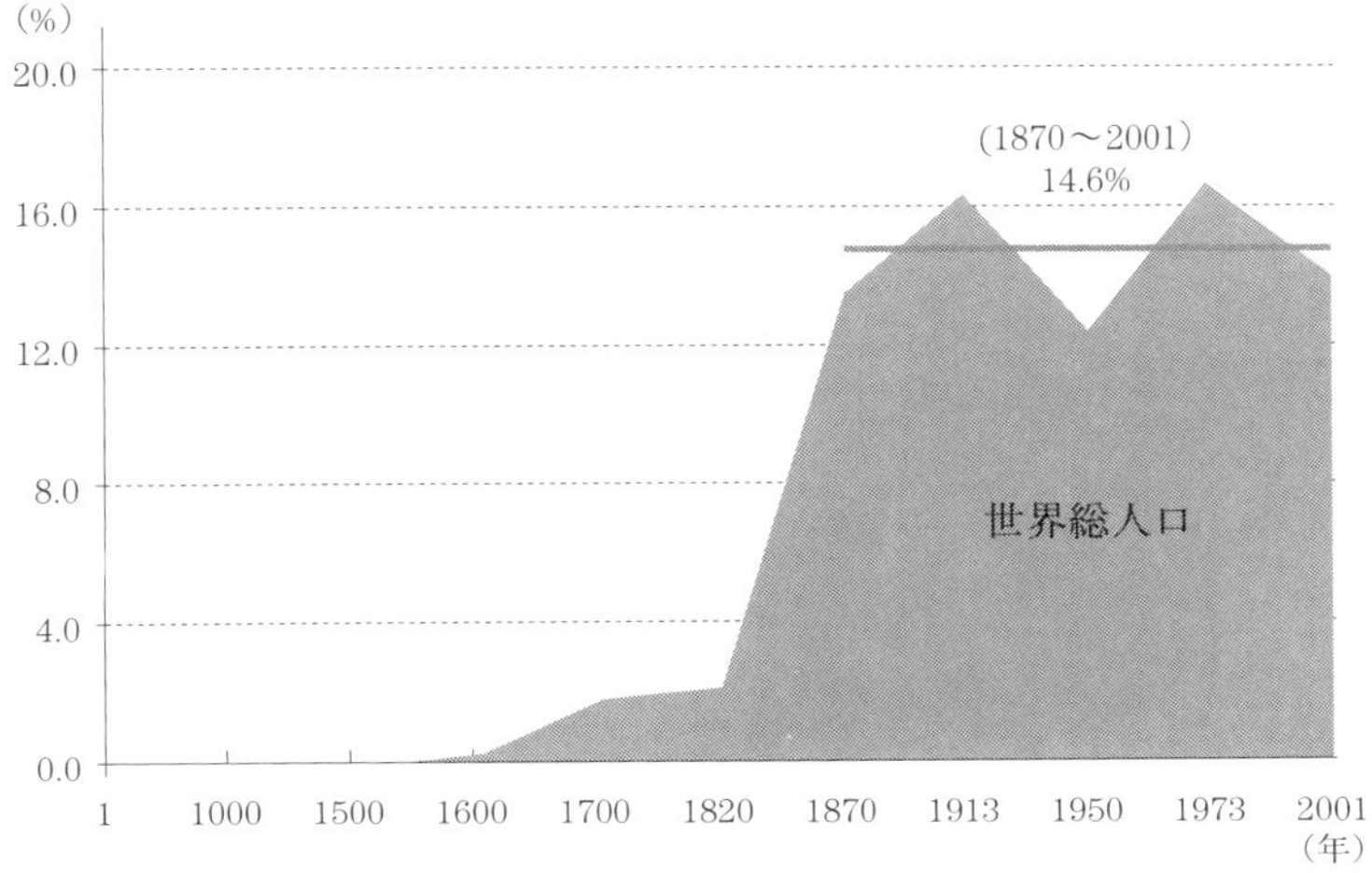

図4 高所得国の人口シェア

(注)高所得国は、世界の一人当たり平均実質GDPの2倍以上ある国の人口を合計して、世界総人口で割って算出

出所：OECD “The World Economy:Histrical Statistics”

つまり資本主義を活用して豊かになれるのは、世界総人口のうち、15%までだということだ。

20世紀までの資本主義は、原油などの資源がタダ同然で入手できる前提で、日米欧の先進国が富を総取りできた。しかし、グローバリゼーションが発達し、新興国や途上国の人々全員が資本主義の恩恵を受けるチャンスがあるという前提となると、「安く仕入れて、高く売る」という近代資本主義の成立条件は崩壊する。

資本主義は資本が自己増殖するメカニズムを内蔵しているから、利潤を求めて新たな「周辺」をつくり出そうとする。だが、すでに海外に周辺は残されていない。

そこで、資本は国内に無理やり周辺をつくり出し、利潤を確保しようとする。その象徴が、米国の低所得者向け住宅融資であるサブプライムローンであり、日本の労働規制緩和だ。米国では、返済不可能な低所得者に住宅ローンを組ませて、そのローンや証券化商品の組成、販売で欧米金融機関がぼろもうけした。日本では労働規制の緩和によって、非正規雇用を増やし、浮いた人件費や社会保障費を利益に計上、株主に配当した。

日米に限らず世界中で拡大する格差は、グローバル資本主義が必然的にもたらしている。

資本主義は、どこへ向かうのか。

資本の自己増殖のプロセスと定義されるゆえに、資本主義には目標地点やゴールは存在しない。つまり、一部の富裕層にますます資本は集まり、その一方で搾取される貧しい人々が増え続ける。

こうした問題に対して金融緩和と財政出動で対応して世界に先駆けて、バブルの生成とその崩壊を経て、デフレに陥ったのが日本にほかならない。

80年代後半、円高不況の打開に向け内需拡大を優先した日本は低金利政策を長期化させ、不動産バブルを引き起こした。その後のバブル崩壊に伴う不良債権問題が景気の低迷を長引かせ、デフレはいまなお続く。この間、政府の借金は膨らみ続け、GDPの2倍を超える巨額に達した。

97年9月、長期金利が初めて2％を割って以来、日本はずっと超低金利状態にあった。今回はさらにマイナスの領域に踏み込んだ。長期金利は、民間企業が新たな設備をつくり、生産、販売で得られるリターン（利益）と同じ概念と言える。貸し倒れや景気循環に伴う不況を考慮すると、通常、実物投資では2％以上なければ、リターンは得られない。

要するに97年9月以降、実物投資では利益を得られなくなったばかりか、現在では投資すれば損失を出してしまう状況になっているのだ。資本を最も効率よく増やすシステムである資本主義が機能不全に陥っているという理由はここにある。終焉が近づいているのだ。

12世紀のスペインに学ぶ

97年9月以降、長期金利が2％を下回る状態が続いた時点で、これは景気循環的な金利の低下ではないと考え、歴史をさかのぼると、2％割れは16世紀のイタリア・ジェノバに行き着いた。

16世紀のイタリアは山の頂上までワインのためのぶどう畑になっていたという。ワイン製造業は当時の最先端産業だから、ぶどう畑を新たにつくれないというのは、利益を生み出せる投資先がなくなったことを意味する。長期金利が2％を下回る時期が11年間続き、経済社会が大変動する洗礼を浴びた。

すなわち中世の荘園制・封建制社会から近代資本主義・主権国家体制へとシステムを大転換させたのである。このプロセスを経て、中世社会の飽和状態を打破して新たなシステムとして近代資本主義と国民国家が登場した。

ところが、日本はマイナス金利に踏み込んだ。その前例を探ると、12世紀のスペインにさかのぼることになる。

当時、西欧を支配していたスペインでは、その支配下にある封建領主たちは領内でマイナス金利を適用した。デフレ状態にあり、消費喚起を目的に現金にマイナス金利を適用したのである。

具体的には、封建領主は半年でマイナス2％として、領民に事実上の金融税を課した。領主はマイナス金利で領民から徴収した税金で、教会などの礼拝施設の充実や巡礼に来るキリスト教信者たちが宿泊する施設などを建設し、周辺から人を呼び込み、領内経済が活性化する政策を実施したのである。

単に、消費を促すためだけの懲罰的なマイナス金利であれば、景気には逆効果だが、集めた税金を領内経済の活性化に生かした点に注目すべきだ。教会を中心とした魅力的なソフトとハードを整備し、そのメンテナンスを継続することで、歴史的な価値を将来生み出している。スペインではいまでもこの歴史的遺産が有力な観光資源となり、世界中から人が訪れる。このスペインの事例から日本は、何を学ぶべきだろうか。

（「資本主義の終焉 マイナス金利の真実 国民の金融資産を目減りさせ国の借金を減らす恐ろしい時代に突入」『エコノミスト』２０１６年４月12日特大号）

株式会社は時代遅れ

資本主義は元来国民のためにあるのでなく、資本家のためのものである。資本の概念が生まれたのは13世紀であり、当時国民という概念はなかった。13世紀に貨幣が「石ではなくて種子となった」ことで資本と化して[1]、当時の商人（高利貸し）は価格をいかに釣り上げるかに腐心していたのだから、資本家からすれば当然貧乏人は眼中にはなかったことになる。

当時、ダンテはこうした状況を快く思っておらず、次のように批判した。「ダンテはお金（単位のフローリン florin には「花」の意味がある）を「神の僕《しもべ》をして道を誤らせる花」として、これに執着する人を「強欲で妬み深く、思い上がった手合い」と厳しく非難していた[2]」のだった。

当時、フィレンツェでは『商業についての助言』という小冊子が出回り、そこには「貧乏人とは付き合うな。なぜなら、彼らに期待すべきものは何もないからだ」[3]と書かれていた。資本主義は元来、貧しい人を豊かにするという発想は持ち合わせていないのである。

だからこそ、資本主義の外側から規制が必要となる。そうでなければ、ピケティが『21世紀の資本』で指摘したようにいつの時代[4]においても富の集中が極限まで進んで、社会の秩序が不安定になる。13世紀の教会は貪欲を最も重い罪とした。「金こそ《神》のこの世、《金こそ覇者、金こそ王者、金こそ君主》のこの世、《貪欲》——高利貸は多少ともこの市民的罪の娘である——が封建的罪《傲慢》の主座を奪って七つの大罪の筆頭に立つ」[5]こととなった。

こうした資本主義の本性は20世紀になっても変わらないどころか、本性をむき出しにし始めた。ガルブレイスは『不確実性の時代』で架空の大企業を「全世界統合事業《ユニファイド・グローバル・エンタープライズ》」[6]と名づけ、「大企業が市場の操り人形であり、消費者に仕える無力な下僕だという神話は、本当のところ企業の権力を永続させるための策略の一つ」[7]にすぎないという。「企業の権力の世界は、入念に守られた世界」[8]であり、不確実性の源泉は「貨幣」[9]であり、「企業」[10]であるという。「時代遅れ」とさえ述べている。

ガルブレイスの『不確実性の時代』が世に出たのは、ニクソン・ショックやウォーターゲート事件により、アメリカの権威が失墜していたころである。株式会社についてはアダムスミスもまた、その本性について見抜いていて、ガルブレイスはアダム・スミスの言葉を引用している。

アダム・スミスの辛辣きわまりない観察、「同業者仲間が顔を合わせると、〔…〕会話はたいてい社会一般にたいする陰謀とか値段を釣り上げるための方策といったところに落ちつく[11]」

いまも変わらない箴言である。ここでいわれている「陰謀」というのは、新聞で「不適切会計」と言われている「不正会計」に置き換えられるし、また、オイルショックのとき、総合商社はトイレットペーパーを倉庫に隠すことによってなされた「値段の釣り上げ」でもよい。

ガルブレイスは「現代法人企業と呼ばれている株式会社に強く反対[12]」し「不確実性の時代にあって、企業こそが不確実性の主たる源泉[13]」であると結論付けている。また、「もはや何の機能も果たしていない取締役会を廃止することでしょう。そして、かわりに公的な監査役会を置く[14]」べきだと指摘し、さらに株主に関しても、「答えは、いまでも株主を代表する者はいない[15]」とその機能はまったく果たしていないと述べている。

つまり、ガルブレイスによれば、「株主も時代遅れ」であり、「何の機能も果たしていないそのような株主には債券で支払って縁を切り、配当や資本売却差益を公共のものとする[16]」べきだというのだ。

例えれば、転換社債に近い新型株式を発行したトヨタは、短期売買をする株主とは縁を切りたい、ということだ。5年間は株式を持っていてくださいというのがトヨタの縛りですが、そのうち、10年間売ってはいけない株式が出て来るのではないか。現在、ガルブレイスが述べたとおりになっている。

しかし、「株主も時代遅れ[17]」だからこそ、様々な規制を取り払って自由に行動することが最も効率的に資源配分がなされると考える新自由主義が台頭する。企業神話が崩壊すれば、なりふり構わず株主が前面に出てこざるをえなくなるからである。本来、ブレーキが必要な資本主義なのに資本家や経営者が利潤率の引き上げを最優先しようとする。その典型がＲＯＥ経営である。日本においても80年代の中曽根政権が新自由主義的な政策を打ち出し、21世紀の小泉政権になるとその成果が現れ始めた。ＲＯＥ（株主資本利益率）がボトムアウトし、上昇傾向に転じた。

安倍政権はさらにその傾向を強めている。「持続的成長への競争力とインセンティブ～企業と株主の望ましい関係構築」プロジェクトを立ち上げた経済産業省は、２０１４年８

月にいわゆる「伊藤レポート」[18]を公表した。伊藤邦雄によれば、この報告書の特徴は「最低8%を上回るROEを達成することに各企業はコミットすべきである」[19]という。

ROEと家計の資産蓄積率は20世紀までは同じ傾向にあり、資本家と家計はいわば運命共同体にあった。しかし、21世紀になると、家計の資産蓄積率はマイナスになる一方で、企業の資本蓄積率であるROEは上昇傾向にある（図5）。沈みゆく船に乗る家計を見捨てて資本家は最新鋭の高速船に乗り換えたのである。国民国家の解体が始まり、資本の帝国が誕生しつつある。

労働の規制緩和で雇用者数は増加し、失業率も低下したが、年収200万円以下の給与所得者は2013年で1119・9万人（1

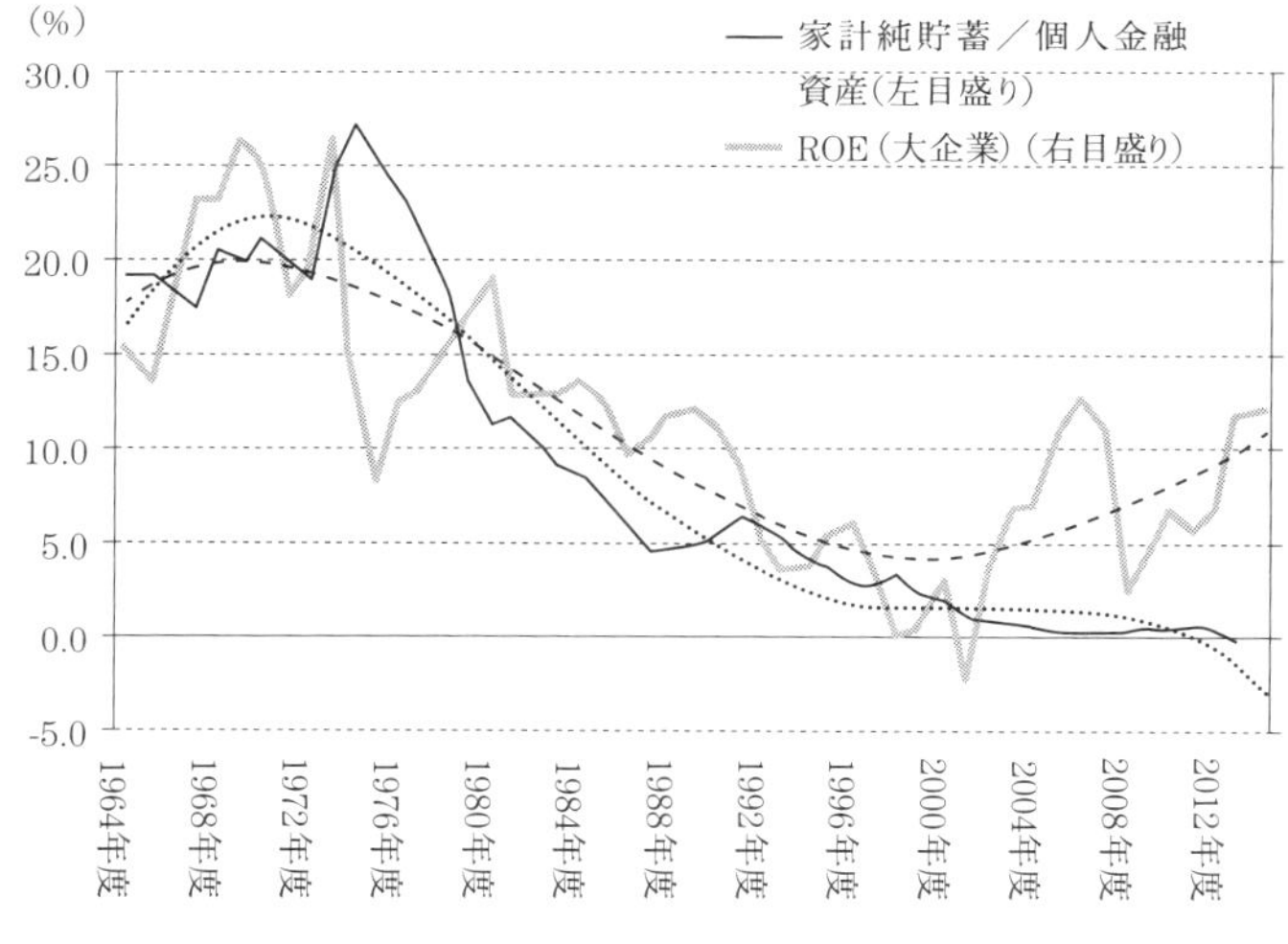

図5 ROEと家計の資産蓄積率

出所：財務省「法人企業統計年報」、日本銀行「資金循環勘定」

年を通じて勤務した給与所得者のうち24・1％）に達している。小泉政権がいわゆる「骨太の方針」で成長戦略を最初に実施したのが２００２年度予算からなので、２００２年と比較すると、年収２００万円以下の給与所得者は８０２・２万人（同19・1％）だったので、この間３１７・７万人増加したことになる。ところが、二人で働いても家計に余裕は生まれない。勤労者世帯（二人以上世帯）の金融資産残高[20]（中央値）は２００２年に８１７万円だったが、２０１４年には７４１万円にまで減少したからである。[21]

企業が利潤を極大化するのは、消費者の欲求に応えるためである。消費者があれもこれも欲しいというから、企業は新規の工場や店舗を建設し、財・サービスを提供する。そういう状況にあれば、企業がＲＯＥを高めていく理由は正当化されることになる。消費者は現在の消費を我慢し、貯蓄をし、それが銀行を通じて企業の投資資金の一部となる。企業は全額借入で投資をするにはリスクが大きいので、利潤の蓄積である内部留保資金を投資の一部に使う。この限りで利潤極大化は消費者の欲求に迅速に応えるための不可欠な原理となる。

消費者がより多くのモノ・サービスをより速くと要求しているのであれば、それは金利に現れてくる。金利が高いほど、消費者はより速くと、企業に要求していることになるからである。しかし、20世紀末から日本の10年国債利回りは２・０％を下回り、２０１５年末現在は０・４％前後である。過去の金利の歴史からみれば、事実上ゼロ金利に達している。[22]ドイツの10年国債利回りも０・５％前後であり、ヨーロッパの国の３分の２は２・０％を下回っている。もはや、米国のように２・０％を上回っている国が例外なのである。

ゼロ金利は、もはや消費者が新規の投資は必要ないといっているサインなのである。日本とドイツの資本係数（＝民間資本ストック／実質ＧＤＰ）は世界で１位と２位なのであるから、これ以上新規の投資をして得られる追加利潤はゼロとなる。10年以上こうした状況が続けば、利潤総額もゼロとなり、配当も当然ゼロとなる。

リスクの観点からみても、預金者の利息がゼロであるのに対して、配当利回りが１％台というのは不自然である。預金者のほうが株主よりも大きな潜在的なリスクを負っているからである。銀行預金の半分は国債とリンクしているため、預金者は個別銀行の経営破綻リスクに加えて国家破綻のリスクを抱えている。一方、株主のリスクは個別企業のリスクのみなので、株式を売却してリスクを回避する手段を有している。

21世紀に入って、企業利益は売上高の一定値となったことで、売上減や付加価値減のリスクは雇用者に転嫁された。企業利益と固定資本減耗の合計値は対売上比で一定を維持しているのに対して、雇用者報酬は対売上高比で低下傾向にある（図６）。対照的に対売上高比で上昇しているのが、中間投入である。具体的には資源高が原因である。[23]もはや、株式はリスク資産ではなく、賃金が資源高を吸収することとなり、労働は解雇だけでなく資源高というコストも背負うこととなったのである。

預金者の数は株主のそれより圧倒的に多い。預金者がゼロ金利を受け入れているのであれば、配当はゼロでいいことになり、家計は新規の工場、店舗をもはや要求していなければ、利潤もゼロでいいことになる。ミヒャエル・エンデの「豊かな社会」はすなわち「必要な物が必要なときに、必要な場所で手に入るということ[24]」であり、日本ではそれが実現した。それでも、投資を長年にわたって続けてきたので、資本が「過剰・飽満・過多[25]」となったのである。

企業売上高は2013年での10・2%が固

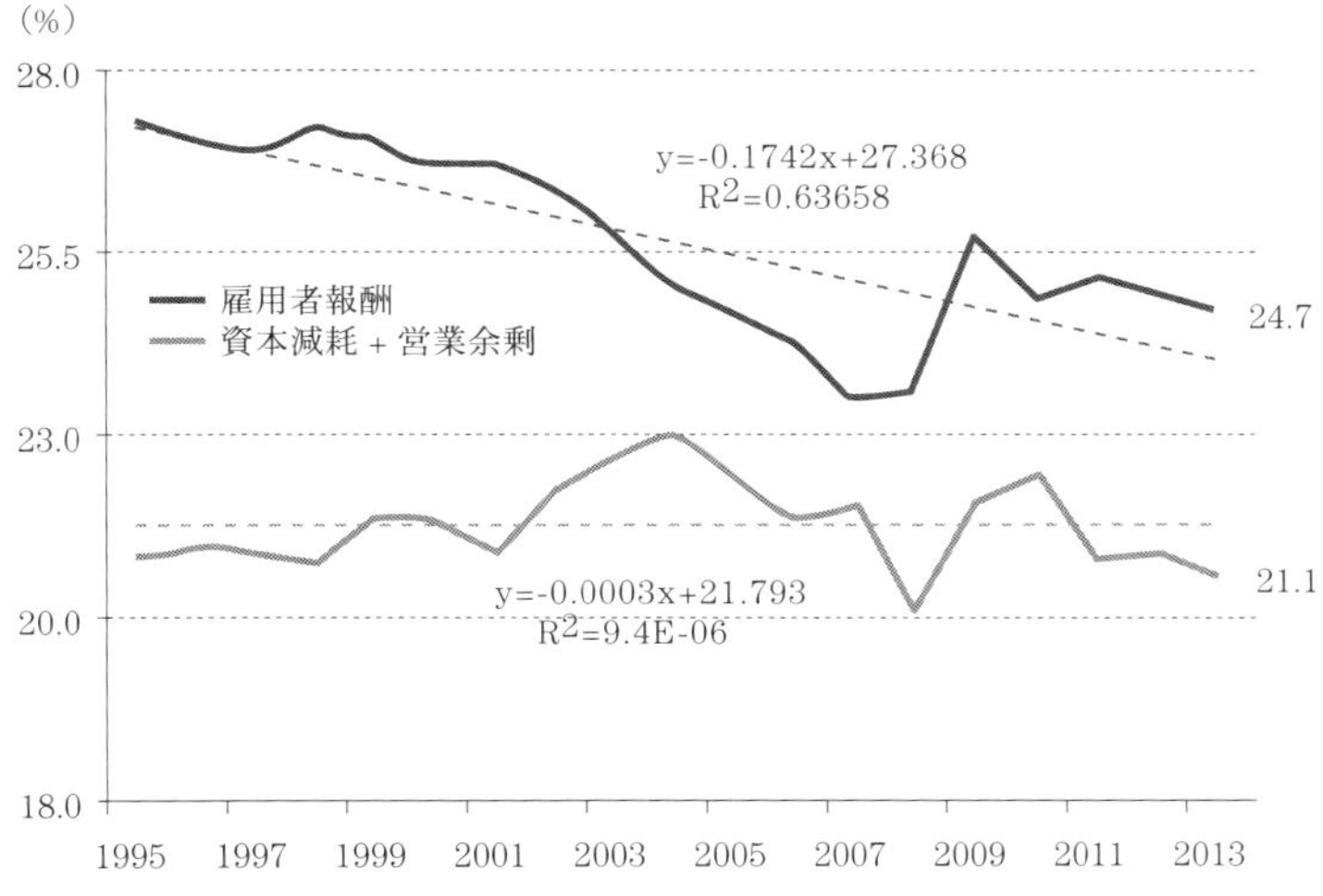

図6 資本と労働への配分率（対売上高比率）

出所：内閣府「国民経済計算年報」

定資本減耗、10・9％が営業余剰である。固定資本減耗は工場や店舗の維持費として必要であるが、営業余剰は売上高比10・9％も必要か否か考えなければならない。過剰な設備資産があるからといって、資産を早急に廃棄すれば大量の雇用リストラが生じるので、国全体における過剰設備は時間をかけて調整していくしかない。デフレは需要不足で生じているのではなく、中国も含めて世界規模で過剰設備の存在が背後にあることが原因である。「日本株式会社」である東芝と「ドイツ株式会社」であるフォルクスワーゲン（ＶＷ）が不正会計、あるいは不正ソフト問題を引き起こした。そうまでしないと、株主が期待する利益が計上できないし、ユーザーが求める省燃費と高パワーを両立できないのである。

不正を犯さないと利潤を計上できなくなった時点で、元来社会秩序維持のための利潤極大化が社会秩序を乱すことへと転化した。ガルブレイスがいう「企業は不確実性の源泉」から「社会秩序を乱す存在」となったのである。

近代という無限に広がる空間のなかで、株式会社は「より遠く」へ行くための最適な資本調達制度だった。株式会社は不特定多数の株主からより「遠くに」行くために巨額の資本を効率的に集めることができた。しかし、21世紀の資本が過剰な時代に「より多く」の出資を求める必要はない。会社と株主など利害関係者の距離はより近くすることで、会社と利害関係者の間の信頼を維持していくことになる。リスクの観点から会社の配当は預金利息より低くていいのだから、配当はゼロでよく、代わりに株主には現物給付すればいい。外国人株主は自然と遠のくことになって、利害関係者が目に見える範囲で企業統治を行う。

会社の活動範囲も狭くなる。会社の活動範囲も全国展開ではなく地域展開の方向に向かっていくことが予想される。エネルギーをたくさん使って全国端から端まで移動することはもはや許されない。エネルギーはもはや価格の問題ではなく、投入量と獲得量の比率（エネルギー収支率）の問題なのである。現在、エネルギー収支率[26]は10を切っている。この比率が2になるとエネルギー開発は全面ストップする。2のエネルギーを獲得するのに、1使えば、差額の1しか自由に使えないからである。エネルギーを1投入して1獲得したのでは意味がない。

「より合理的に」行動した結果が、9・15のリーマンショックであり、3・11の東京電力福島第一原発事故だった。金融工学や原子力工学など「より速く、より遠くに」を実現するための合理性は敗北したのである。デカルトの合理性革命以前はエラスムスの寛容主義がヨーロッパを支配していたのであるから、合理性にかわって寛容の精神を全面に打ち出すべきである。自然との関係でいえば、自然は征服の対象ではなく、人間との共存を図るべきであり、人間と人間との関係でいえば、負担能力に応じて税負担を追うべきである。

21世紀は「よりゆっくり、より近くに、より寛容に」の原理に沿った社会を構築していくことになるであろう。

(「金利と利潤のない経済の構想」『DIO Data Information Opinion 連合総研レポート』2016年1月号、「「歴史の危機」における新しいシステム構築のヒント」『福音と社会』281・282合併号をもとに再構成)

注

1 貨幣が資本化したのは、13世紀の『契約論』を著したオリーヴィが「〔資本は〕利益を生み出す種子のごとき性格を有している」(大黒俊二『嘘と貪欲——西欧中世の商業・商人観』〔2006〕51頁)という理論によってである。

2 ドリュモー、ジャン『ルネサンス文明』桐村泰次訳、論創社、2012年、297頁

3 前掲書、296-297頁

4 正確には1910-1970年代を除く西暦元年以降21世紀の現在にいたるまで。

5 ル・ゴッフ、ジャック『中世の高利貸 金も命も』渡辺香根夫訳、法政大学出版局、1989年、2頁

6 ガルブレイス、ジョン・K『不確実性の時代』1997年、斎藤精一郎訳、講談社学術文庫、366頁

7 前掲書、362頁

8 前掲書、364頁

9 前掲書、229頁

10 前掲書、３６３頁
11 前掲書、34頁
12 前掲書、34頁
13 前掲書、３６３頁
14 前掲書、３９３頁
15 前掲書、３９３頁
16 前掲書、３９３頁
17 前掲書、３９３頁
18 伊藤邦雄一橋大学大学院商学研究科教授が座長となってまとめた報告書
19 Ｍ＆Ａ専門誌マール、２０１４年12月号
20 預金残高のうち定期性預金が４６９万円（全体に占める割合36・４％）、生命保険などが３２０万円（同24・８％）、通貨性預金が３０８万円（同23・９％）、有価証券が１３６万円（同10・５％）、金融機関以外が57万円（同４・４％）。
21 「家計調査報告（貯蓄・負債編）」総務省、平成26年平均結果速報
22 ５０００年の「金利の歴史」で過去２年以上にわたって、長期国債利回りが20％を下回ったのは１６１１－１６２１年のイタリア・ジェノバと１９９７年以降の日本しかない。ところが、ギリシャ危機が起きて以降、２０１１年からドイツの国債も２・０％を下回ったままであるし、デンマークとフィンランドが４年近くにわたって２・０％以下で推移している。１年以上にわたって２・０％以下なのがフランスやオランダなど６カ国である。
23 原油価格は２０１４年後半から急落したので、２０１５年の中間投入は対売上高比で減少しているはずである。その一方で、雇用者報酬が相対的に増加しているわけではない。労働分配率に近い概念である雇用者報酬

／名目GDP比は、原油価格の急落が始まった2014年7‐9月期に52・1％だったが、2015年7‐9月期は51・2％と、0・9％ポイント低下している。原油価格急落の恩恵（交易条件の改善によるメリット）は企業利益が受けとっている可能性が高い。

24 河邑厚徳／グループ現代『エンデの遺言 根源からお金を問うこと』2011年、講談社＋α新書、310頁

25 スーザン・ソンタグは『火山に恋して』で「偉大なコレクションとは膨大なということであって、完成しているということではない。〔…〕蒐集家が必要とするのはまさしく過剰、飽満、過多なのだ。〔…〕コレクションとはつねに必要を超えたものなのだ」（81頁）と指摘している。「蒐集家」を「資本家」に置き換えれば、なぜゼロ金利になったかが説明できる。不足で生じているのではなく、中国も含めて世界規模で過剰設備の存在が背後にあることが原因である。

26 エネルギー収支率（EROI）とは、「出力エネルギー÷入力エネルギー」で計算される。通常入力エネルギー1単位に対して何単位の出力エネルギーが得られるかを表し、出力エネルギーから入力エネルギーを差し引いたものが自由に使えるエネルギーである。

日本の貧困

年収200万円以下が24％　3割は金融資産がまったくない

まず、図7にこの12年間の日本のGDPの数字を掲げました。実質GDPの内訳項目として雇用者報酬がありますが、2002年の小泉内閣の骨太の方針の事実上の最初の年には253兆円でした。いまは260兆円ですから、インフレ調整後では一応、7兆円増えていることになりますが、名目では7兆円減っています。ですから、住宅ローンなどの借金がある約3割の世帯は苦しくなっているということです。住宅ローンのない7割の世帯は名目の給料は減っても、それ以上に物価が下がったので購買力は増えました。ただ、2014年に消費税を5％から8％に上げたので、約2％分の価格転嫁が起き、物価が2％上がりました。名目所得は2％も追随して上がらなかったので、実質所得は下がってしまいました。これからさらに、2017年の4月に8％から10％に上げるということですので、おそらく、実質的な購買力は、さらに下がってしまう可能性が高いのではないかと思います。

家計はどういうふうに考えているか。約8000人を対象にした日本銀行の「生活意識に関するアンケート調査」によれば、66%の人が物価の上昇を困ったことだと回答しています。また、現在の景況感は「よくなった」と答えた人から「悪くなった」と答えた人を差し引いた数字がマイナス32%ですから、悪くなったと思う人が3割も多くいることになります。しかもこの数字は2014年年初あたりは水面上にあと一歩のところまで来たのですが、いまは景気がよくなったという人は大きく減っています。ですから、企業の景況感はよくなったという方向に向かっていますが、家計は悪くなっ

		2002年	2012年	2014年	増減額(単位、兆円)	
		戦後最長の景気回復1年目	民主党政権3年目	安倍内閣2年目	2002〜2014年の12年間	2013、2014年の2年間
名目GDP(a)		499.1	475.11	488.2	-10.9	13.1
	うち輸入	49.5	79.16	101.5	52.0	22.3
	雇用者報酬(b)	259.7	245.9	252.4	-7.3	6.5
	比率(a/b)	52.0%	51.8%	51.7%	-0.3%	-0.1%
実質GDP(c)		477.9	519.0	527.6	49.7	8.6
	雇用者報酬(d)	253.3	261.1	260.1	6.8	**-1.0**
	比率(c/d)	53.0%	50.3%	49.3%	-3.7%	-1.0%
GDPデフレータ(2005年=100)		104.4	91.5	92.5	-1.3%	**0.5%**
消費者物価(2010年=100)		101	99.7	102.8	-0.1%	**1.5%**
潜在成長率(年増加率、%)		1.0	0.6	0.6	-0.4	0.0

図7 日本のGDPの推移(2002年〜2014年)

(注)増減額GDPデフレーターと消費者物価は年率換算の増減率(%)。

出所:GDPは内閣府「四半期別GDP速報」、消費者物価は総務省「消費者物価指数」、
潜在成長率は内閣府「今週の指標」

たという方向に向かっています。いままでは、景気がよくなると家計も企業も両方よくなるという傾向でしたが、いまはバラバラの動きをし始めるようになりました。

次に、もう少し範囲を絞った指標で見たのが図８です。問題なのは、２００２年には年収２００万円以下の人が８５３万人で、給与所得者の19%だったのが、２０１４年は１１２０万人、24%と、ほぼ４世帯に１世帯が年収２００万円以下になったことです。よく、雇用の規制緩和で主婦のパートタイムでも働きやすい環境をつくったので、年収２００万円の人が増えても大丈夫、とおっしゃる人もいます。もし、勤労者世帯の貯蓄残高が

	2002年	2012年	2013年	増減額(単位、兆円)	
	戦後最長の景気回復1年目	民主党政権3年目	安倍内閣1年目	2002～2014年の12年間	2013年の1年間
給与所得(平均、万円)	447.8	408.0	413.6	-34.2	5.6
年収200万円以下(千人)	8,530	10,900	11,199	2,669	299
比率	19.1%	23.9%	**24.1%**	5.0%	0.2%
貯蓄現在高(二人以上世帯、万円)					
平均値	1688	1658	1739	51.0	81.0
中央値	1022	1001	1023	1.0	22.0
うち勤労者世帯					
平均値	1280	1233	1244	-36.0	11.0
中央値	817	757	735	-82.0	-22.0
貯蓄額(兆円)	9.0	3.5	-0.43	-9.4	-3.9
金融資産非保有世帯	16.3	26.0	**30.4**	14.1	4.4

図8 年収200万円以下の給与所得者数と貯蓄残高

(注)金融資産非保有世帯は二人以上世帯で、直近の数字は2014年。

金融資産には、預貯金のほか、有価証券、保険、その他金融資産を含む。

出所：給与所得は国税庁「民間給与所得実態調査」、貯蓄残高は総務省「家計調査(貯蓄・負債編)」、貯蓄額は内閣府「国民経済計算確報」、金融資産非保有世帯は金融広報中央委員会「家計の金融行動に関する世論調査」

増えていれば、そういうことも言えるかもしれません。

数値の変化の推移を見る場合、全体が同じ方向に動かない場合は、平均値より中央値が重要です。中央値は、もし１００人いれば50番目の人の数字を抽出しますが、勤労者世帯の貯蓄残高は８１７万円から、２０１４年には７３５万円と、82万円も減ってしまいました。平均値でも36万円減りました。また、２０１３年から２０１４年の２年間だけで、中央値が22万円も下がっています。平均値は上がっていますが、これは株高の効果で上がっていると見られ、中央値の人は、それほど有価証券は持っていないと考えられます。この貯蓄残高には銀行預金だけではなく、有価証券、貯蓄型の生命保険なども含まれているからです。

２０１３年の家計の１年間の貯蓄額は１９５５年に統計が発表されて以来初めてマイナスになり、４３００億円のマイナスとなりました。12年前の２００２年には年間で９兆円の貯蓄ができていたのですが、ついにマイナスになってしまったのです。しかも２０１３年は株式が上がっていたので、株高でも貯蓄残高が減ったということですから、銀行預金だけしか持っていないという所得層の人は、もはや所得から貯蓄ができないという状況になったということが言えると思います。

現在は3割の世帯が金融資産をまったく持っていないという状況になりました。1987年、バブルの頃には金融資産の非保有世帯はわずか3・3％でした。一般的に金融資産がない世帯が増えるのは、たいていバブルが崩壊したときです。実際、株式市場が崩壊し、土地バブルも崩壊した90年代初頭に、金融資産のない世帯は5％から10％に上がりました。90年代の後半には、金融システム危機があり、海外ではアジア危機、ロシア危機、2001年にはアメリカでITバブルの崩壊がありました。それが全部つながって10％から22％に上がりました。さらにリーマン・ショックによって8％上がり、いまや30％になったというわけです。そうなると、あと2回ほどバブルが崩壊すれば、あっという間に20％ぐらい上がりますので、金融資産のない世帯が半数になってしまう可能性がありますです。ですから、いまマクロ指標においては、この10年間で非常に内容が悪くなっていると言えると思います。（「終焉に向かう資本主義：大転換期に日本がなすべきことは」『Best partner』2015年9月号）

第二章

資本主義の黄昏

資本主義の黄昏1　アベノミクスの終焉

そもそも「アベノミクス」というものは、インフレを起こして経済を成長させることを、その本義にして登場した。

安倍晋三首相は、「3本の矢」と自ら喧伝した「金融緩和」「財政出動」「成長戦略」を三つの大きな柱にすえて経済政策を推し進めて来たのである。

まずは、黒田東彦日銀総裁が、金融の「異次元的緩和」を宣言し、お金の量をどんどん増やした。ざっと、2013年春には200兆円に達するまでになっていた。現在では「黒田バズーカ砲」で262兆6865億円、270兆円に迫る勢いである。2000年のはじめは60兆円を超える程度のマネタリーベース（日銀の貨幣発行高）だったから、4倍以上に増えている。

市場はそれに反応して、政権発足当初から円安と株高が続いている。安倍政権の支持率が高いのは、一部上場企業の業績が改善され景気予想が前政権時より上向いたことによる。株価の上昇は、確かに好況感とこれからの期待感を醸成する。国会において野党から「アベノミクスの成果の当否」を問われた安倍首相が判で押したように、「でも、私の政権になって、株は上がったじゃないですか。円高も解消されて円安になっているじゃありませんか」と同じ答弁を繰り返すのも、この2点しか目に見える成果の上がっていないことの証左でもある。

黒田総裁は2013年春に、2年後に2%インフレ達成を宣言し、岩田規久男副総裁は、「実現しなければ辞任する」と大見得を切った。インフレターゲットである。

だが、インフレなど起きてはいない。消費者物価が上がったなどと一部では言われているが、悪い冗談である。せいぜい時価に変動が生じやすい生鮮食品の値上がりや円安で輸入燃料費が上がったこと、消費税の増税分が、その変動の原因にすぎない。需要が伸びたことによる、これまでの需要不足が解消された結果などではない。全体としてみれば、いま現在の物価の上昇はごくわずかで、この程度の上下幅は普通に存在する。つまり、日本社会に出回っている未曾有の量の貨幣（お金）で消費者が物やサービスを買ったために需要不足が解消されて起きた物価の上昇ではない。現に2013年度のGDPデフレーター（物価指数の一つ）もマイナスである。物価は下げ止まってはいないことの明瞭な証拠である。

日銀の金融緩和で本当にインフレが起こって、デフレを脱却できるものなのだろうか？ 問題の本質はここに存在する。

リフレ派はバカ？

金融緩和がインフレを起こすには、貨幣が物やサービスへの需要に結びつく必要がある。そうして需要不足が解消されたとき、初めて物価は下げ止まり、雇用も拡大して賃金も上がるのである。このプロセスがあってデフレが止まりインフレに転ずる。インフレはそれ自体が消費を促す効果を発揮する。物価が上がっていくと分かれば、お金を持っていても資産価値は目減りするため消費者はいまのうちに物やサービスを買っておこうとするのである。

現実はどうだったか？ 消費者物価指数はわずかにプラスに転じたが、それは円安による資源高のためであることは先述した。そして肝心の賃金は上がっていないのである。賃金が上がらないことには消費マインドは醸成されず、需要には結びつかない。

安倍首相は、「この道を行くしかない」と腹を固めているようだし、「さりとて他に採るべき政策はなかった」と消極的ながらも一定の評価を下す有識者が少なからずいることは承知している。しかし、この2年間を振り返れば、そんな悠長で呑気な評価は下せないはずなのである。実需は増えていないし、インフレも起きてはいないのだから。

そもそもである。リフレ派（注・いろいろな学派名が出てくるが、〈新古典派総合〉も〈リフレ派〉も〈マネタリスト〉も、〈新自由主義経済〉をよしとする「市場の自由に任せておけば経済は最善の形で上手く回る」と考える人々である）が唱えていた「金融緩和でマネタリーベースを増やせば、インフレが起こって経済を成長させられる」という理論は、安倍首相のみならず小泉政権からの経済政策のバックボーンだったはずだが、その長きにわたった帰結をみれば、すでに誤りであることは明瞭ではないか。

グローバリゼーションが進み、資本が国境を越えて自由に移動できるようになった1995年以降は、いくら貨幣を増やしても物価上昇にはつながらない。この現実は、日本人なら身をもって痛いほど分かっている。「インフレ（およびデフレ）は貨幣現象である」という新古典派のテーゼは、国民国家という閉じた経済の枠内でしか成立しないのである。皮肉なことに、新古典派のなかでもとりわけマネタリストたちが金融のグローバル化を進めてきたがゆえに、自らが提唱する「インフレは貨幣現象である」というテーゼを成り立たせなくしているのだ。

2000年から現在まで、日銀の貨幣発行高は4倍になっているのに、GDPはピタリと500兆円あたりに貼り付いたまま上昇の気配はない。

市中をお金でジャブジャブにしても景気は少しも良くなっていないのが現実である。しかし、いまだに政権中枢にあって経済政策の舵を取る「経済財政諮問会議」や「産業競争力会議」の主だった委員には、リフレ派や規制緩和論を説く新自由主義経済論者が多く、実りのない議論をいたずらに積み重ねているのが実情である。

そして安倍首相が繰り返し自らの手柄噺にする「株高」であるが、皮肉なことに政権ブレーンたちの本来の論理とは別なところで勝手に起こっている現象にすぎない。株価は本来、業績見通しを反映して、値がつけられる。円安で業績の良いトヨタの株価が上がるのは自明だろう。そして日本の株価全体が上がっている現況は、本来はGDPがこの先上がり続けると見通しを立てなければ生まれない。しかし、統計をみれば明らかなように1997年を最後にGDPは上がってはいない。

本当のところは誰もこの先、日本のGDPが上がるとは思っていない。つまり、思惑だけが先行した結果である。安倍首相が金科玉条にしている「株高」は、バブルそのものなのである。

結論から書くなら、アベノミクスは破綻している。アベノミクスは、小泉純一郎総理大臣以来の「成長戦略」の帰結として破綻したのである。小泉首相は、「骨太の方針」のなかで幾度にわたって成長戦略を打ち出していたことか。構造改革路線で、規制緩和を中心とした成長戦略からすでに十数年が過ぎている。いまごろはとっくに成長軌道に乗っているはずであるが、そうなっていない。そもそも「成長戦略」という方向性が間違っていたのである。

プライマリーバランス（基礎的財政収支）の均衡は、小泉政権下の骨太の方針では、2010年代前半と謳われていた。経済成長路線で少なくともプライマリーバランスだけは均衡させるという経済政策だったのだ。あれからいまに至る十数年、間に民主党政権をはさんではいるが、おおむね成長路線の方向性は変わっていない。だが、ますます財政赤字は拡大している。

つまり、こういうことだろう。いま、アベノミクス2年間の当否が問われているだけではない。ここ14年以上、新古典派経済学による新自由主義的な経済政策がいかに日本経済を毀損し、社会を疲弊させてきたか。そこが問われるべきだったのである。その結果、少なくともインフレターゲットを口にしたリフレ派学者は頭を丸めるべきだろうし、岩田氏は自らの言葉にしたがって、日銀副総裁をお辞めになるのが筋だろう。

たとえ景気が上向いても

私は、しばしばアベノミクスをオランダの「風車」に立ち向かうスペインの騎士ドン・キホーテになぞらえてきた。往時、オランダの風車はその工業力、いわば「近代」の象徴であった。かたや、ドン・キホーテは中世のロマンティックな遺物、つまり「成長戦略」にあたるわけだ。

アベノミクスの「3本の矢」は、このドン・キホーテの「槍」に相当する。時代の大きな潮流に抗おうとするロマンティックだが過去の遺物である。そのドン・キホーテの槍ならぬアベノミクスの矢が3本とも折れてしまった。すでに説明したように、金融緩和の矢は、インフレを起こせなかった。財政出動の矢も、当初は「国土強靭化」に益する形で行われるはずだったが、強力で効果的な財政支出を行った様子はない。言いだしっぺの藤井聡・京都大学教授も、さぞかし白けているのではないか。

だが、積極的な財政出動はいま、有効なのだろうか。

無意味なのである。結局、それも無意味なことは、90年代以降の日本が実証しているのである。1992年の宮澤喜一内閣以来、歴代政権が切れ目のない総需要対策で200兆円以上の外生需要を追加しても、日本経済を内需中心の持続的成長軌道に乗せることはできなかった。理由は明瞭、すでに経済が需要の飽和点に達していたからなのだ。

２００２年から08年に至る戦後最長の景気拡大期に、実質ＧＤＰが年平均２・１％と、１・０％台前半と試算された潜在成長率を上回って成長できた理由は、アメリカのバブルや新興国の近代化に牽引された外需主導の拡大であった。当時は一見、日本の「失われた10年」が終わったかのように思われたが、実際には景気は輸出主導で回復しただけで、個人消費支出と民間住宅投資を合わせた個人部門は、同期間に０・６％しか伸びず、戦後の景気回復のなかで最も増加率が低かった。

そして「賃金」はどうなったか？　実質賃金は減少したのである！　２００２年から08年にかけて、戦後最長の景気回復にもかかわらず、実質賃金は減少したのである。この現象は日本だけにみられるものではない。英米でも景気が良くても賃金が低下する現象は始まっていた。しかし、この「景気と所得の分離」が日本におけるほど鮮やかに現出した例はない。

なぜこのようなことになったのか。その理由は、戦後最長の景気回復期に、企業利益（営業余剰）を確保し、配当を増やさなければ、企業経営者は翌年の株主総会でクビになってしまうからなのである。つまり、企業経営者は、株主配当を増やすために、雇用者報酬を削減したのである。

いま、欧米の著名な経済学者が注目し、邦訳も出た話題の書、トマ・ピケティの『21世紀の資本』（みすず書房）には、この「株主資本主義」が格差社会の淵源となっていることが精確に叙述されている。

その後は、読者も御存知のとおりである。リーマン・ショック（2008年9月）で外需がしぼむと、日本は深刻な不況に陥った。リーマン・ショックの打撃を受けて、震源地のアメリカ以上に日本の実質GDPが落ち込んだのである。日本の大企業・製造業つまり「輸出　日本株式会社」と米国「世界の投資銀行」は、表裏一体の関係にあったのである。米国「世界の投資銀行」がつくった幻の購買力に、巨大な供給力を持つ日本の製造業が自動車など高級品を中心に輸出を大幅に増やしたのだ。

財政出動、なかんずく公共事業への財政出動は、論じ始めると、新自由主義経済の陥穽に行き着くことになる。小泉首相時代、公共事業を削りに削って、その結果、淘汰されて建設業の数が激減した過去の歴史がある。これに伴い現場の建設労働者も減っていったが、小泉政権ではこれを国策で行ったわけである。だが、第二次安倍内閣ではまた公共事業に戻るという。

いま、現場では人手不足なうえに、その帰結として賃金が上がっている状況が惹起されている。同じ新自由主義経済の立場にありながら、180度の財政政策転換を平気で行う。この政策面でのブレは、新自由主義経済を信奉する学者の特徴的な点かもしれない。結局、建設業界が振り回されるかたちである。

小泉政権から第二次安倍政権まで、底流には新自由主義的な経済政策が流れていることは確かである。その意味ではつながってはいるが、財政出動にみる一貫性の欠如、場当たり的な政策が、国民を振り回し、社会を疲弊させる。

アベノミクス評価は、小泉時代から一貫して行われてきた新自由主義経済路線への評価となる。この視点から眺めた結果は、金融緩和政策は実物経済には反映されず、資産価格を上昇させてバブルを生み出すだけである。バブルが崩壊すれば、企業リストラと称して急激な賃金引き下げや大量失業を招く。一方で、公共投資を増やす積極財政政策は、失業者を雇用するための職を提供する方策をとらなければ、乗数効果はとても期待できない。アベノミクスの行き着く先で、日本と日本人が被る痛手は、看過しがたいものになると思う。

資本主義は終わった?

アベノミクスの総括はこれくらいにして、「資本主義の終焉とポスト資本主義」について考えてみたい。

私はフェルナン・ブローデルが名づけた「長い16世紀」に「長い21世紀」を対比させる形で、資本主義が限界を迎えていることを自作に著してきた。これから、来るべきポスト資本主義社会、その「あるべき姿」を考察してみることにしたい。

資本主義の後に、どのような社会・経済システムが生まれるのかは、まだ誰も言及したことがない。中世から近代への移行期が「長い16世紀」（１４５０〜１６４０年）であったように、それまで数世紀にわたって続いたシステムが一夜にして転回することはない。

ヨハン・ホイジンガが『中世の秋』で述べているとおりなのだ。

「新しい時代がはじまり、生への不安は、勇気と希望とに席をゆずる。この意識がもたらされるのは、やっと十八世紀にはいってのことである」（『中世の秋』中公文庫）

１６４８年にウェストファリア条約が締結され、ここを起点に「近代」が始まることとなったが、当時を生きた人々が新たな時代の到来に確信を持てたのは、それから50年以上も後のことである。われわれの場合、「ポスト近代」の起点すら、まだ明瞭に捉えられない状態でいる。

われわれの生きている「長い21世紀」（１９７０〜）も「長い16世紀」と同じ状況にあると考えるべきだろう。

しかし、こうした難しい転換期をいち早く迎えた日本は、新たなシステムを模索していくポテンシャルを持っている。世界のなかでも稀な優位性を持つ国家であると私は考えている。

その理由は、逆説めいて聞こえるかもしれないが、先進国のなかで最も早く資本主義の限界に突き当たっていたのが日本だからなのだ。いち早く日本が資本主義の限界を迎えていることは、１９９７年から現在に至るまで、超低金利時代がこの国で続いていることが、その現れである。

私は、資本主義というものは、利子率、もしくは利潤率によって決定づけられていると考える。ある額の資本を投下して極力多くの利潤を得ることが資本主義の基本である。利子、つまり金利は最も重要な数値となる。その利子率が低いということは、資本主義経済において利益が上がらない状況を意味する。これはとても大きな問題である。

しかし、日本では１９９５年から、途中で解除したことがあったにせよ、事実上すでに20年近くもゼロ金利政策が続いている。10年国債の金利も、97年から2％以下になり、２０１５年現在ではついに1％以下になっている。ブローデルの「長い16世紀」の時間の概念で言えば、短期が10年、中期が30年から50年、長期が１００年から２００年である。いまの日本が体験しているゼロ金利は20年であるから短期に当たるが、中期的に考えても継続すると思われる。

このように、利子率が２％以下では、資本を投下しても資本側が得るものは何もないに等しい。結果的にみるなら、工場や店舗、オフィスビルを建てても、ほぼ利潤はゼロなので資本は何も増えてはいないことになる。

もちろん、バブルに賭けて増やすことはできるが、バブルというものは結局、はじけてしまう。バブルで、一瞬利益があがるような状態をつくったところで、グローバル化が進み、それに伴って資本が増殖するための金融のあり方にも大きな変化が起こった状況では、一部の資本家だけがそのご利益にありつけるという話である。はじけたバブルの処理には、中間層をはじめとする人々の資本や労力をかけなければならない。実際、リーマン・ショックをはじめ、公的資金を注入して、これまで巨大な資本を失ってきた過去がある。

アメリカでは、大手銀行のうち４つが事実上の破綻をして、ゴールドマン・サックスだけが資本を増やしている現実がある。その一方、アメリカも短期はゼロ金利であるし、ＥＣＢ（欧州中央銀行）もゼロ金利であるから、先進国は自己資本を増やす手段を失うところまで来てしまったといえる。

これでは、資本主義は行き詰ったといわざるをえないのである。少なくとも、ゼロ金利がこれほど長期的に続くということは、事実上、日本では資本主義がすでに終わっている証だと、私は思っている。

利子と資本主義

資本主義の始まりは、私見では、13世紀のイタリア、フィレンツェだと考えられる。キリスト教社会では本来、過剰な利子を取ることは禁止されていた。しかし、1215年、ローマ教会と資本家が交渉した結果、利子(正確には、資本側の貸し付けに対するリスクを含んだ貸し出しといった内容)が、上限として33%まで認められたのである。それ以前にも非公式には「手数料」として利子は存在したが、ここに初めて利潤を生む利子が公認された。資本が利潤を生み出すことが資本主義の根幹と捉えるなら、利子の容認は資本主義の萌芽といえるだろう。

当時の世界状況からすれば、帝国というものは一つだけではなく、複数の存在が可能な情勢であったから、地中海世界という帝国域内だけで利子を得る貸し出しも可能となったのである。

時代が下り、イギリスが「海の支配」を進め、資本主義は全世界に広がっていった。この世界的な動きのなかで「長い16世紀」のほぼ終わりごろに、イタリアのジェノバでは、最長期の5年国債が、1・1％という当時では最低の利回りの状況となった。それは12年間継続した。そこで地中海世界の資本主義は終わりを告げたのである。

資本が集まっていても、利子を生み出すような投資先がないほどに、資本投下が地中海の隅々にまで行き渡っているという社会状況があったのだ。

たとえば当時、ワイン造りは最先端の産業だったが、ワイン製造のためにイタリアの山々はびっしりとぶどう畑で埋め尽くされていたという。大きな利益を生むワイン産業であったから、ぶどうを生産する土地はあまり陽の当たらないところしか残ってはいないほどに、隅々まで土地の開発が投資によって行われていたのである。それほどまでに投資が行われたということは、資本が投資先を求めて過剰なまでに浸透していたことを意味している。

また、目を転ずれば、「陸の国」であるスペイン（「無敵艦隊」が海軍ではなく、陸軍であったことは有名な歴史的逸話である）が、1588年にイギリスに侵攻しようとしてアルマダの海戦で敗れ、イギリスによる海洋支配が始まっていくことで、経済のあり方にも変化が現れる。海を制し、新しい大陸との貿易によって富を得るという「大航海時代」の資本主義に変貌を遂げるのである。

その結果、資本家たちは、新たにアムステルダムやロンドンで投資を行うことになり、今度はそれらの都市で資本主義が始まるわけである。資本主義は自己資本をいかに増殖させるかが肝心なので、そのためにはつねに領土の拡張ないし市場の拡大が必要で、帝国主義時代には植民地が拡がっていったのである。しかし、主権国家が成立してからは、植民地が拡大すると帝国の管理維持にはインフラ整備をはじめ様々な資金が嵩んだので、資本の利潤追求の現場は、安く上がる、市場のコントロールという手法に移行していく。「長い16世紀」の終わり、ジェノバでの1%という低金利状態の際には、陸（スペイン）から海（イギリス）への覇権の交代に伴った、貿易先、投資先など、様々な状況の変化のなかで再び資本を増殖させる手段を手にしたわけである。ひるがえって現代資本主義は、市場もついにアフリカ大陸にまで行き着いてしまっている。アフリカのグローバリゼーション。これが何を意味しているか、お分かりのことと思うが、すでに資本主義を成長させるだけの空間がこの地球上には残されていないということなのである。地球全体が資本主義に覆われ、新大陸を探そうにもそれがない。これまでのように、先進国が周辺の地域から安価な原材料を集めて仕入れ、それを製品化して原材料の供給国をはじめとする周辺地域に輸出することで莫大な利益を得るという手法も限界に来ている。新たな周辺の空間、土地や地域、国々もない。しかも、それら周辺地域も原材料を安価で売ることを拒否し始めている。自分たちも先進国のような暮らしをしようと独自に開発を始めているのである。この状況下では、限られた土地と資源が枯渇するのは目に見えている。

資本主義の先進国がこれまでどおりの安く仕入れて高い付加価値をつけて売るという構図は描けなくなりつつある。

そして資本は資本で利潤を得るための新たな空間を求めることになる。そこで生まれた延命のための資本主義が、新たに発展をみたインターネットに代表される電子空間と金融工学を結びつけた世界である。この世界では、アメリカのサマーズ元財務長官が論じているように、「アメリカをはじめ先進国が長期停滞に陥り、バブルを発生させなければ、経済は良くならない。3年に1度、バブルが起きる」という指摘がある。

サマーズの指摘どおりになれば、社会も人々も疲弊する。実際、そのとおりになっているといっても過言ではない。アメリカも、日本も、痛みを忘れたが如くにバブルを受け入れてしまう気配が濃厚である。

様々な金融商品が売り出され、それが電子空間で世界的に売買されている。バブルは膨れた後は必ずはじけるので、行き詰ってご破算になる。世界は、アメリカのサブプライム・ローンの悲劇を目の当たりにしたばかりである。

資本主義が崩壊しつつあるのに延命策で続けさせようとしている状態が当分は続くかも

しれない。

アナール派のウォーラーステインは『史的システムとしての資本主義』のなかで資本主義と民主主義の将来像を記述している。結論から言えば、「フランス革命の衝撃以来、広く先進国に採用されてきた民主主義体制はこのままではもたない」ということだ。

1980年代の半ばに書かれたこの論文は、実に示唆的であった。

彼はこう論陣を張ったのである。資本主義体制を根本的に修正する、あるいはそこからの離脱を図らないなら、残る選択肢はシリアスなものである。もう一度時代を逆行するかのように「社会権」を極小化し、場合によっては「参政権」も少数の富裕層に限定する。ウォーラーステインは、「自由主義への純化か民主的ファシズム」という言い方をとるが、「法の支配」なき極端な「階層化」と「排除」を伴う恐れを指摘する。このモデルの原型として彼はナチズムを挙げるのである。

他にも「ポスト資本主義」「ポスト近代社会」を、「中世」に近い社会の現出をみるとする学者も多い。

資本主義の末期は、前近代的な様相を呈している。つまり、世界の「中世」化である。中世の王侯・貴族は、現代の「持てる者＝一部の資本家」であり、どちらも全体の1％にすぎない。残りの99％が、貧困に喘ぐ農奴、現代では「持たざる者」に堕ちていく中産階級以下の人間である。日本では、非正規労働者がすでに就業者人口の3割に上っている。2014年末に大流行した、ピケティの『21世紀の資本』はこの現代の中世化に激しい警鐘を鳴らすものでもある。(「アベノミクス、資本主義の黄昏」『新潮45』2015年1月号)

資本主義の黄昏2　中国バブル崩壊の日

ピケティの『21世紀の資本』の邦訳が刊行された翌年、2015年元日の夜11時。NHK・Eテレ「ニッポンのジレンマ元日SP」にチャンネルを合わせて椅子に腰かけた。拙著『資本主義の終焉と歴史の危機』（集英社新書）について語った収録映像が、この番組で流される。それを見るためである。

当夜のテーマは「大転換2015」。そのなかで「資本主義は終わった」という私の問題提起に、若い論客たちがどのような議論を展開させてくれるものか、秘かなる期待もある。司会者には古市憲寿と局アナ、30代と思しき10人ほどのパネラーたちがディベートするという趣向の《若者版・朝まで生テレビ》といえば当たらずとも遠からずか。

ひととおり、私が自説を開陳したビデオを流した後で、数人の学者が感想を述べ、司会者に促された経済学者が、持参したトマ・ピケティの『21世紀の資本』まで広げて「議論の叩き台」をつくろうと補足的解説を試みるが、議論は低調である。せっかく録画ビデオまで用意して著者が自著を語っているのに、その課題図書すら読まずに来ている者が大多数とみた。これでは実りある討論なんて生まれようがない。そもそも、「資本主義の終焉」という問題など考えたこともないのだろう。

パネラーの猪子寿之《いのこひさゆき》が、私を「お爺ちゃま」と呼び、「でも、なんか、あのお爺ちゃまの言ってることには、肌感覚で親近感を覚えた」発言には、笑った。私のほうも彼にだけは親近感を覚えた。21世紀を生きるには、近代以前の時代にヒントがある。このことに、猪子という人だけが気付いていていた。

他方、明らかに拙著も読まずに発言した国際政治学を生業《なりわい》にするという女性学者には驚かされた。

「資本主義は自由のため。自由を達成するために中世の話を持ってくるって、ありえなくって（笑）。職業の選択の自由はなァいィ〜。信教の自由はなァいィ〜。女性の自由はなァいィ〜で、これェ、どうやって自由な社会をつくるんですかァっていう〜、反・資本主義のセンチメントに、ちょっと疑いを持ってるんでェ〜」

と、三浦瑠麗《るり》女史はのたもうた。私のことを「中世賛美論者」と勘違いしておられるのだ。恥ずかしくて、こちらのほうが俯《うつむ》いてしまう。

古市に、「で、結局、資本主義は終わったんですか？　終わるんですか？」と、水を向けられた経済学者・安田洋祐《ようすけ》は「資本主義？　イヤ、終わんないっすよ（笑）」「一気に投げ捨てる、とか、終わったって言っちゃうのはかなり時期尚早だと」という自分の声に、したり顔である。

「ああ、まるで視野狭窄症《きょうさくしょう》の老教授みたいだ」

思わず独り言が口をついて出るが、若者に深い知性や洞察力を求める気などサラサラないから失望はない。だが、「時代の大転換」を次世代の旗手として公共放送で語るなら、もっと若手らしい柔軟で謙虚な発想と姿勢が必要だろう。少なくとも、しっかり本くらい読んで来い、と思うのだが、如何だろう。

実際、大人の経済学者たちに、「資本主義は、なくなりますか？」の問いを投げてみれば、先の若手学者と同じような回答が、同じような表情を顔に貼りつけて返って来るはずである。

「なくなりゃしません。実際、私たちが暮らしている世界は、資本主義の世の中でしょ？」

そこで、2の矢を放ってみる。「それでは、まだ《経済成長》を追い求めるのですね？」

「そりゃそうです。成長が止まれば、それは資本主義ではありませんから、成長を追い続けるのは当然です」

3の矢は、「でも現実に《成長》は続いていますか？　GDPは、ここ十数年500兆円でほとんど変化ありません。成長は先進資本主義社会ではもう頭打ちになっているのではありませんか？」

「それでも資本主義は、現実に続いているじゃありませんか」

堂々巡りなのである。それが、アベノミクスを何の疑問も持たずに肯定する主流派経済学者の常なのである。

こちらが、「金利ゼロ」や「利潤率ゼロ」が意味するところを、どんなに説こうが聞く耳を持たない。資本主義の終わりは、この世の終わりだと思い込んでいる。せめて少壮気鋭の学者には、こんな愚を犯して欲しくないものである。

蒐集のシステム

資本主義はいかにして「終焉」に向かっていくのか。どのようにして「終焉」を迎えるのか。

資本主義とは、ヨーロッパが持つ特徴的な理念「蒐集《しゅうしゅう》＝コレクション」に最も適した経済システムである。西欧社会は、「蒐集」のための最適のシステムとして、資本主義を発明した。

資本主義の性格は、時代によって、重商主義、自由貿易主義、帝国主義、植民地主義と絶えざる変化変容を遂げ、変遷した。

ＩＴ技術が飛躍的に進歩し、金融の自由化が行き渡った21世紀は、グローバリゼーションこそが資本主義の本義となった感がある。ただし、どの時代にあっても、資本主義の本質は、揺らがない。「中心／周辺」という分割に基づいて、富やマネーを「周辺」から「蒐集」し、「中心」に集中させることには変わりないのである。

このように資本主義を定義した場合、21世紀の資本主義は、「グローバリゼーションによって、いままで先進国が独占してきた富が、途上国にも分配され、その結果、格差は縮小した。これは、中心／周辺を分割して中心が周辺から蒐集するという資本主義の定義とは相矛盾する現実ではないか？」という異議申し立てが聞こえてきそうである。

確かに、グローバリゼーションによって、経済活動という視点で世界を眺めた場合、国境の壁は著しく低くなった。その結果、先進資本主義国が独占してきた富を、中国、インドをはじめとする新興国や資源国が自分たちも享受しようとしている。実際、データ上でも先進国と新興国の平均所得格差は縮小しているのである。

それでは、このグローバリゼーションという新たな概念は、資本主義にとっての福音なのだろうか？　インターネット社会が生み出した電子空間と複雑な金融工学が結びついて、資本が瞬く間に世界を席巻する現代の高度資本主義社会。この資本主義と結びついたグローバリゼーションは、またもや別の「周辺」を生み出している。

いま、日欧米を覆《おお》っている「グローバル資本主義」は、国境の壁を低くした代わりに、国家を著しく毀損《きそん》し始めている。社会の均質性を消滅させて、国家の内側に新たに「中心／周辺」を生み出している。いわゆる「格差社会」をつくり出したのである。

本来的に資本主義は、少数の人間が利益を独占するシステムとして歴史に登場した。ヨーロッパの「蒐集」のための時代とも言いえる時代、１８７０年〜２００１年の間、地球の全人口のおよそ15％が豊かな生活を享受した。先進資本主義国に生まれた幸いなる国民たちで、日本もこの中に招待された一員だった。「一億総中流」が実現したのもこの時代である。一つの国家内での国民経済の均質化は、先進国の特徴とも言えたが、それは残り85％を占める後進国の人々の犠牲の上に築かれた資本主義社会の精華でもあった。石油メジャーによって管理された原油価格が、１バレル＝３ドルの時代が永遠に続くかに思えたころの物語である。

資本主義世界の特等席は、世界人口の上限定員15％に限られていた。21世紀になるまでの１３０年間、資本主義のルールを決めてきた先進国の15％の人々が、残りの85％から安い資源を輸入して、高い付加価値をつけて輸出し、その巨大な利益を享受してきた。歴史を振り返るなら、資本主義が決して世界のすべての人々を豊かにするシステムではないことは明白である。

延命装置付き資本主義

それでは、現在進行中の21世紀タイプの資本主義を「15％定員上限説」に照らして考えると、いかなる現実を浮かび上がらせるのであろう。

前世紀までの資本主義は資源をタダ同然で輸入できた結果として、先進国は富を独占状態にできた。他方、地球規模で均質化が進んだ現在、新興国や途上国の人口57億人がそろって資本主義の恩恵に与《あずか》れるチャンスがあるという「建前」なのだが、それでは「安く仕入れて、高く売る」という近代資本主義の成立条件は崩壊してしまう。グローバル資本主義は、途上国の人々も全員を豊かにするという「建前」はあるにせよ、実際に安く仕入れられる先はほとんど残されてはいない。これが現実であるが、それでも資本主義は資本が自己増殖するプロセスなので、利潤を求めて新たな「周辺」を探し、つくろうとする。21世紀の先進国にはもはや海外に「周辺」は存在しない。そこで資本が目を向けたのは、国外ではなく国内であった。国内に無理やり「周辺」をつくり出し、利潤を得ようとしたのである。これが日欧米で「格差社会」が生み出された資本主義のメカニズムなのだ。この場合、もはや15%ではなく、1%の富める資本家が、残り99%を収奪の対象にするといっても過言ではない。

日本でも、かつての「一億総中流」は崩壊の危機に瀕している。豊かだった中流家庭が、社会システムのドラスティックな変化の犠牲となり次々と貧困化している現実がある。政府の政策立案に深くコミットしている某経済学者が、失業問題を問われて、「日本の会社員は、会社に必要以上に守られている」と言い放ったことが最近問題視されたが、この大学教授は、人材派遣会社の役員にもおさまっていて、口を開けば、「非正規労働者を偏見視するほうがおかしい。多様な働き方が認められるべきで、何も正社員で働く必要はない」が持論である。「正社員が、多様な働き方を認められるべきだ」と考えられないところが興味深い。

こうした新自由主義者が唱えるお題目に、「規制緩和」がある。小泉政権が規制緩和を推し進めた結果、日本経済が変調を来すと、その責任を問われた経済閣僚が「規制緩和が中途半端だったから失敗した。もっともっと規制緩和を推進すれば上手く行った」と強弁した。いまとなっては笑い噺にもならない言行録も残っている。小泉政権が推進し、現在の安倍内閣が標榜する「アベノミクス」の延長線上に、国境を越える巨額な資本やメガ・

グローバル企業だけが勝者となり、国内の中小企業や中流階級が敗者になる現実が現出したわけである。

すでに書いたように、「地理的・物的空間」が消滅した現在、資本は利潤を求めて新しい「空間」を、発達したＩＴ世界と極度に複雑化した金融工学の世界の融合によってつくり出した。それが、資本主義の延命装置「電子・金融空間」であった。昔の空間は北（先進国）と南（途上国）の間に見えない壁が存在したが、グローバル資本主義とは、いったんその壁を限りなく低くしたうえで、新たな壁を構築するためのイデオロギーなのである。

そしてこの新たな空間が「電子・金融空間」である以上、ここに座を占めるためには当然、ある程度以上の資産を保有している必要がある。

この延命装置付きの資本主義のイデオロギーは、一言でいうなら、わが宰相が口癖のように言っていたフレーズ、「努力した者が報われる社会」に尽きるのである。それでは、報われなかった者はどうなるのか？　努力が足りなかったのだと納得させることで、国内に見えない壁を設けられる。転落して下層に追いやられた人々から、上層部の人々へと、富の移転を図るのである。

「蒐集＝収奪」の対象は、アメリカであれば、「サブプライム層」と呼ばれた人々。ＥＵ

であれば、ギリシャなどの南欧諸国の人々。日本の場合は、非正規社員である。

このむき出しの強欲なグローバル資本主義の行き着く先を考えてみよう。おそらくそれは「リーマン・ショック」をも凌駕する巨大バブルの生成と崩壊であろう。すでにみてきたように、資本主義は、かつての「永続型資本主義」から「バブル清算型資本主義」へと変質を遂げている。

本来、資本主義が効率よく機能しているか否かは、資本の利潤率（国債利回りにリスク・プレミアムを加算した値）で測るものだが、ゼロ金利となったいま、どの実物資産に投資すべきか、まったく指針がない。それどころか、どの実物資産に投資したところで、リターンは見込めない。代わって、株価が資本主義の効率性を測る尺度として登場し、そのバトル・フィールドが「電子・金融空間」に取って代わられたことは、先述したとおりである。その結果は、クリントン政権時代の財務長官、ローレンス・サマーズの指摘どおり、「3年に一度、バブルが起きる」ことになったのである。

バブルは、必ず弾ける。したがって、その時点で、投資はいったん精算されることになる。17世紀初頭に生まれた永続資本（株式会社）を原則とした資本主義は、バブル清算型の資本主義へと、大きく退化したわけなのだ。

この永続型資本主義は、オランダ東インド会社に始まったものである。それ以前、地中海世界における資本主義は、フェルナン・ブローデルの大著に詳しいように、一事業ごとに利益を精算する合資会社によるものであった。徐々に貨幣経済が地中海に浸透して、資本主義の萌芽はあったが、まだ資本主義経済が社会全体に樹立されるには至っていない。だから、一度限りの事業清算型の資本主義でこと足りていた。

13世紀から15世紀にかけて、地中海世界の事業清算型資本主義においては、失敗すれば、その責任は資本家に帰せられていた。しかし、21世紀のバブル清算型資本主義では、利益が少数の資本家に独占的に還元される一方で、バブルが崩壊したときには、公的資金の注入などの救済に充てられる費用は税負担という形で広く国民が担うことになる。理不尽であり、資本家のモラルという点では地中海世界の資本主義に比べ、明らかに後退しているのである。ここからは近代の理念であるはずの人類の「進歩」が欠落している。

ハードランディング・ケース

いずれにせよ、地球上から「周辺」が消滅しつつあることは間違いない。これまでの仲間を「周辺化」することには目を瞑り、自分だけは「成長」できると考えるのか、あるいは新たな「蒐集」は止めて既存の過剰な資本ストックを活かして、「ゼロ成長」でいいと割り切るかの選択を迫られている。この事態の意味をわれわれはもっと深刻に受けとめる必要がある。世界経済の「長期停滞」といった次元ではなく、ヨーロッパ発祥の近代理念である「蒐集」の終焉が迫り来ているのである。

したがっていま、日本人が取り組むべき最大の問題は、資本主義をどのように終わらせるかということになる。先述した資本のやりたい放題、むき出しのグローバル資本主義を放置して、その挙句にハードランディングの悲劇に直面するのか、あるいはそこに一定のブレーキをかけて、ソフトランディングを目指すのか。

＊

まずは、現状の放縦なグローバル資本主義の先にみえるハードランディングを考えてみることにしよう。

それは、たぶんリーマン・ショックをさえ凌駕する巨大なバブルの生成と崩壊を意味する。いまや資本主義が、永続型資本主義からバブル清算型資本主義へ変質していることはすでに書いた。

日本の土地バブルと株バブル、アジア通貨危機、アメリカのネット・バブル、そしてユーロのバブル……。これに続いて巨大化するバブルは、中国の過剰バブルであろう。リーマン・ショック後、中国共産党の主導で大型景気対策として４兆元もの設備投資を行ったことで、中国の生産過剰には拍車がかかっている。

日銀が非伝統的金融政策を採用しているにもかかわらず、物価が目標どおり上昇しないのは、生産力が過剰だからである。過剰なのは日本のみならず、中国は日本以上である。中国の粗鋼生産量は２０１５年で８億３８２万トンなので、世界の49・６％を中国１カ国で生産していることになる。中国は粗鋼の「過剰」生産能力は４億トン前後とみられており、粗鋼生産能力は12億トンとなり、稼働率は６割台と推測される。[1]

中国の「過剰」生産力は粗鋼などの素材産業にとどまらず、加工産業の代表である自動車においても顕著である。中国自動車産業では「２０１５年のメーカー各社の生産能力は前年より２割以上多い計５０００万台に増える見通し[2]」である一方で、２０１５年の新車販売台数は２４６０万台なので中国は２５００万台分の過剰生産能力を抱えていることになる。

「世界の工場」であった中国が生産過剰であること、一方で輸出先の欧米の消費は縮小していること、この現実を踏まえるなら、この先１９９０年代から２０００年代前半までのような消費を見込むことは不可能である。領土問題その他の火種を抱える近隣アジア諸国への輸出も翳りをみせている。今後、減りこそすれ増えることはないだろう。だが、国内での需要がまだまだ弱い中国では内需主導に置き換えることもままならない。いずれ、この過剰な設備投資は回収不能となる。そのときが中国のバブル崩壊の引き金になる。

中国でバブルが崩壊すれば、海外資本・国内資本のいずれもが、海外へと逃避していくのである。中国は、窮鼠猫を嚙むの伝で、外貨準備として保有する米国債を売る決断を下さざるをえない。中国の外貨準備高は世界一である。その中国が米国債を手放すなら、ドルの終焉をも招く可能性がある。

中国バブル崩壊後、資本主義はどうなっているだろう？　新興国も先進国同様、低成長、低金利の経済に移行していく。つまり、世界全体に永続的なデフレが広がっていくということだ。

なぜバブルが崩壊すると、デフレが悪化するのか？　ここは重要な問題である。マネー過剰の経済では、バブルが発生して膨れ上がっていくプロセスで設備投資や雇用が増加し、弾けると一気に需要が減り設備過剰となって、工場の稼働率が下がってしまう。新興国において、資産バブルの反動として資産デフレが発生した場合、それを契機に工業部門でも設備過剰が明らかとなり、工業の原料である鉱物資源も価格が下落する可能性が高い。

新興国で起きるバブルは欧米のような資産バブルではなく、日本型の過剰設備バブルである。日本のバブルは、国内の過剰貯蓄で生じたものだが、１９９７年以降、国際資本の完全移動性が実現した21世紀においては、先進国が量的緩和で生み出す過剰マネーが新興国に流れ込み、日米欧さえもが成し得なかったスピードでの近代化を可能にした。過剰設備バブルは、資産バブルとは異なり、その崩壊には時間がかかる。この崩壊の過程で、資本主義はいよいよ歴史の舞台から姿を消していくことになるだろう。全世界規模で、ゼロ金利、ゼロ成長、ゼロインフレが実現し、いやでも定常状態に入らざるをえない。

もちろん、中国のバブル崩壊が、人々の生活に与える影響は甚大である。その規模は、リーマン・ショックを超えるだろうから、日本でも相当数の企業が倒産するのは必至だし、賃金も大幅な下落に見舞われることだろう。中国のバブルが弾けて、世界経済が冷え込めば、国家債務は膨れ上がるから、財政破綻に追い込まれる国も出てきて不思議ではない。日本は、その筆頭格である。

これまでの歴史では、国家債務が危機に瀕すると、国家は戦争を起こしインフレで帳消しにしようとした。つまり、力ずくで「周辺」をつくろうとしてきたのだ。周知のとおり、核兵器を途上国までが持つ現代においては、全面戦争は核戦争を意味するから、このカードを切ることはたとえアメリカといえどもないだろう。しかし、各国とも国内では行き場を失った失業者の抵抗が高まり、騒擾状態から内乱の様相を呈することもありえるだろう。この場合は、最悪のハードランディングとも呼びうる事態で、マルクスの予言を髣《ほう》髴《ふつ》とさせる状況のなか、資本主義は終焉を迎えることになる。

グローバル資本主義の暴走に歯止めがかからない場合、長期の世界恐慌状態を経て、世界経済は定常状態へと移行していくことになる。

ソフトランディング・ケース

それでは、ソフトランディングする方途はあるだろうか？　現在の国家と資本の関係を考えると、資本主義にとって国家は足手まといの存在に成り下がっている。一国の経済が国内で自己完結をしていた時代、資本主義と国家は「ギブ・アンド・テイク」の関係、相互で利用しあうウィン・ウィンの間柄であった。しかし、いまや資本が主人で、国家が使用人のような体たらくである。

この資本主義にブレーキをかけるとすれば、それはグローバル化した国家、つまり世界国家のようなものの誕生を想定するほかないであろう。トマ・ピケティは、国家が共同連動して、大資本に課税することを著書『21世紀の資本』のなかで提議したが、このアイデアを荒唐無稽と嗤《わら》えないのは当然である。

実際、ＥＵは、国家の規模を大きくしてグローバル資本主義に対抗しようとしたが、欧州危機をみても明らかなように、まだこれでもサイズが小さいのかもしれない。

世界国家、世界政府というものが想定しにくい以上、少なくともG20が連帯して巨大資本に対抗する必要がある。法人税の引き下げ競争に歯止めをかける。国際的な金融取引にトービン税のようなシステムを導入する。そこで徴収した税金は、食糧危機や環境危機が起きている地域に還元する。こうしたシステム構築は、国境を越えた分配機能であり、国民が国家の存在を認証することで、資本の放縦《ほうしょう》を監視する意味がある。

G20は、その加盟国だけで、世界GDPの86・8%を占めている。これを機能させられるなら、巨大資本に対抗することは不可能ではない。ブレーキ役は、担うことができるだろう。資本の暴走を食い止めながら、資本主義のソフトランディングを模索することが、先進資本主義諸国、なかでも日本に課された命題なのであろう。

ポスト近代の社会像を思い描くには、いまわれわれ日本人が直面している「経済成長はしていないが、豊かな暮らしはいまここにある状態」=「定常状態」が、最大のヒントかもしれない。

ポスト資本主義は、ポスト近代社会と同義である。中世から近代への大転換が「長い16世紀」において準備され実現されたように、これから数百年という長いスパンで、数世代にわたる人々が模索するなかから次第にその相貌を浮かび上がらせるものなのである。

(「中国バブル崩壊の日　資本主義の黄昏2」『新潮45』2015年2月号)

注

1 郭四志（2016）によれば、「特に鉄鋼、石炭、セメント、電解アルミ、板ガラスの五産業でその過剰能力が際立っている。中でも、〔…〕鉄鋼・石炭産業の過剰は深刻化しており、稼働率はわずか六割程度、余剰能力はそれぞれ4億t、20億tに達している」と指摘する。

2 「中国、車工場2500万台分過剰」日本経済新聞社、2015年5月6日

資本主義の黄昏3 「ゼロ成長社会」への道筋

「長い21世紀」

ここまでの話をまとめてみよう。西欧史とは「蒐集《しゅうしゅう》」の歴史である。「社会秩序それ自体が本質的に蒐集的なのである」（ジョン・エルスナー）。そして、その蒐集を最も効率よく行える経済システムが「資本主義」であること、そのシステムがいまや機能不全に陥っていること、中国経済のバブル崩壊が引き金で資本主義が一挙にクラッシュするにせよ、各国が様々な弥縫策で延命させながら安楽死を迎えるにせよ、向こう100年以上をかけてゆっくりと経済社会システムの更新が行われるであろうことを書いてきた。

現在は16世紀以来の大きな転換点であり、当時と同じ利子率革命が起きている。近代が終焉を迎え、資本主義そのものを見直さねばならないという主張である。

「供給は自ら需要をつくる」（「セイの法則」）のであって、生産力が高ければ、人口が増え、豊かな生活を享受でき、秩序が安定する。この経済理論をそのままに反映して、19世紀以降の西欧社会では、二つの要素が「蒐集」の度合いを加速させるようになった。一つは「民主主義の拡がり」であり、もう一つは「動力革命の達成」である。このことにより民主主義と資本主義を両輪とする近代が人類史上、最強で究極の「蒐集」システムとなったのである。帝国の時代やローマ・キリスト教社会であれば、上位数％の上流階級の欲望を満たすだけでこと足りた。しかし、民主主義社会になると、かつては王侯貴族しか食べられなかった珍味が誰でも食べられるようになる。

「一部の富裕層、一部の職業、一部の人間、一部の国家などにアクセスを限定すれば自然環境の不安定化は抑えられるが、人の世の安定が保てなくなる。民主主義は「大量」の物質を必要とする」（佐藤文隆・著、『科学と人間』青土社、２０１３年）。資本主義と民主主義はどちらも「過剰性」を内包していたのである。両者に支えられた近代も当然そうなる。世界全体の食糧援助量の2倍にも達する日本の年間５００万〜８００万トンの「食品ロス」問題や人口が増え続けていた時代にも空き家率が上昇していたことに象徴される「空き家問題」などは過剰性が生んだ弊害であり、その氷山の一角にすぎない。

さらに１９９１年12月26日、ソビエト社会主義共和国連邦の解体が明らかにしたのは、社会主義経済より資本主義のシステムがより「蒐集」に効率的なシステムだったということである。それを象徴するのが、直後になされたフランシス・フクヤマの次の発言である。「リベラルな民主主義が「人間のイデオロギー上の進歩の終点」および「人類の統治の最終の形」になるかもしれないし、リベラルな民主主義それ自体がすでに「歴史の終わり」なのだ」（『歴史の終わり』上・下　三笠書房、１９９２年）。

「グローバリゼーション」の登場

ゼロ金利となったいま、「蒐集」が終われば、フクヤマの言うとおり「歴史の終わり」になったはずである。しかし、歴史は終わらなかった。新たな「蒐集」が始まったからである。「電子・金融空間」で「世界の富はウォール街に通ずる」システムが１９９０年代半ばに完成し、アメリカ金融帝国が出現した。すべての時代に帝国主義が出現した事実が示唆するように、帝国主義に免疫のある社会経済構成体などは皆無だった。19世紀はイギリスという非公式な帝国の時代だったし、20世紀にはアメリカとソビエトという二つの非公式帝国が存在した。

帝国システムとは、

①強力な中央統治機構を備える中心

②中心からの影響力に対して抵抗力の弱い周辺
③中心と周辺を結合するトランスナショナルな軍事的・政治的・経済的あるいはイデオロギー的な強力な諸力・諸装置

という三つの要素から形成される。

21世紀に新たに生まれた米金融帝国に対する「周辺＝第三世界」からの反撃が２００１年の９・11「米同時多発テロ」となって現れた。テロリストがウォール街の象徴であるワールドトレードセンタービルを攻撃したのは、富の過剰なまでの「蒐集」に対する抗議だったと解釈できる。１９８０年代以降、③のイデオロギーに相当するのが「グローバリゼーション」である。それまでのイデオロギーは、「ＩＭＦ＝ガット体制」だった。グローバリゼーション時代以前は、中心と周辺をわける境界線は南北の間で引かれていた。「中心」は北、あるいは西側先進国で、「周辺」は南、すなわち南アジア、南米、そしてアフリカの低開発国といわれた。これら多くの国の地下には豊富な資源が眠っていた。

ところが、１９６０年代以降、資源ナショナリズムが台頭し、１９７９年にイランでイスラム革命が起きると南側諸国が「中心」になろうとする動きが強まった。さらに、ＢＲＩＣｓの台頭が流れを決定づけ、それまで「周辺」だった北京やモスクワが新たに「中心」の座を占めようとした。従来の「中心」の前に、「蒐集」する相手だった国々が競争者として現れたわけである。交易条件は急速に悪化の道を辿ることになる。もはや、「蒐集」は思うに任せない状況に立ち至った。従来の「中心」は、新たな「蒐集物」をつくり出さなければならない。

そのイデオロギーとしてグローバリゼーションが持ち出されたのだった。グローバリゼーションとは、一般的には「ヒト、モノ、マネーの国境を自由に超える動き」と定義されるが、それは皮相的な見方である。現実にはグローバリゼーションとは「中心」「周辺」の組み換えであり、具体的には「中心」の内部に新たに「周辺」をつくるプロセスである。

撤退戦

9・11から約15年が経過した。いまでは日本も本格的な「テロの時代」に直面している。資源国の台頭で複雑化した政治力学の中、先進国はもはやかつての自由で放縦な「蒐集」が不可能になった。「蒐集」できなくなれば、民主主義国家の社会秩序が揺らぐのは必然である。

近代の秩序がもはや維持されないのはイスラム国の事例で明らかである。近代主権国家は相互承認で初めて国家としての正当性を有することになるのだが、イスラム国の一方的な宣言の前に、既存の国家はＩＳ（Islamic State）＝「イスラム国」と呼ばざるをえず、なすすべもない。

既存のシステムが機能不全に陥って、新しいシステムがいまだ姿・形をみせないでいる状態は、まさにヤーコプ・ブルクハルトのいう「歴史の危機」なのである。近代をどう終わらせるか。近代をどう安息の地に導いていき、死に水を取るか。「中心」にいた15％の先進資本主義・民主主義諸国は、今後、好むと好まざるとにかかわらず「撤退戦」を余儀なくされるだろう。戦いにおいて最も困難を伴う局面は「撤退戦を、どう戦うか」にある。単に勝利することよりもはるかに難しい。また、後世の評価の鍵にもなるのである。

私が不安を覚えるのは、この撤退戦に最も不向きなタイプの政治家に挙げられる安倍晋三氏が宰相として経済政策をミスリードし続けて、あろうことか、長期政権になろうとしていることである。狭い視野、浅い思慮、地球儀を俯瞰《ふかん》すると言いながら過去の歴史に少しも学ぼうとしない姿勢は、本来なすべき経済施策の真逆を彼に採らせている。なにより、勝つことにしか興味のない硬直した単眼的発想は致命的だ。近代の次に来る時代が、その相貌をゆっくりと現してくる数十年後、仮に彼のような政治家が時代の潮流に抵抗するような政策を採った場合、日本は世界の波間に儚く消え去っていくかもしれない。

話を日本に絞って考えていくことにする。日本に関して、はたして「ゼロ成長社会＝定常状態」というものは、具体的にどう構想できるのか？　あるいは積極的に構想できるものなのか？　だがいま、世界中のどんな民主主義国家であれ、政治家が、「これからは経済成長ゼロでいきます」と旗印に掲げて選挙を戦うことは不可能だろう。ここには同情すべき事情もある。だが、「近代の秋」を迎えているいま、政治家に求められる要諦は、言葉で現実を説明する能力、自らの未来の構想を語る教養なのである。

アメリカの社会学者で、『徳川時代の宗教』（岩波文庫）という名著もあるロバート・ニーソー・ベラーは、「日本は経済成長をしないと言って嘆いているし、高齢化や人口減少についても悩んでいる。だが、よく考えてみれば、これから世界はどうせ経済成長がほとんどできない社会になる。高齢化率も高くなるに決まっているし、人口だってやがて減る方向に向かっていく。日本は、世界が近未来に突入する状態を先取りしているだけなのだ」と語ったことがある。

そのとおりである。人口は20世紀になって爆発したのだし、数億年かけて堆積した化石燃料は、わずか数百年で消費し尽くされようとしている。イギリス人歴史学者のエリック・ホブズボームは、30世紀になれば20世紀は「極端な時代」と位置づけられ、そう呼ばれるだろうと書いている。すべてが「過剰」に生産され、「極端」に消費された時代、それが近代とも言いえるのだ。

政治家は、ベラーのように国民に落ち着いて、ゆったりと、だが哲学と信念をもって、迫りくる現実を語りかける必要がある。

ゼロ成長社会を構想する

「ゼロ成長＝定常状態」を、それ自体、どのようなものと捉えて、日本の将来を構想すべきなのであろう。

ゼロ成長社会というのは、人類の歴史上では、決して珍しいことではない。一人当たりのGDPがゼロ成長を脱したのは、16世紀以降のことである。今後の人類史で、ゼロ成長が永続化する可能性はあながち否定できない。経済的には、まず純投資がなくなることを意味する。既存の設備だけを使い続けて、減価償却の範囲内だけの投資しか起きないわけだ。そうすると、あとは消費だけが、基本的な経済の循環をつくっていくことになる。買い替えサイクルだけになる、と書けば分かりやすいだろうか。家計で言うならば、自動車1台の状態から増やさずに、乗り潰した時点で買い替えるということである。

買い替えサイクルだけとすると、たとえば内需で売れる自動車が600万台だったのが、翌年は500万台、翌々年は550万台と、多少の増減で推移していくが、少子高齢化で人口減少しているため、台数のピークの山は低くなっていく。人口が、9000万人程度で横ばいになれば、定常状態にはなる。そのなかで、買い替えサイクルだけの台数が循環していき、多少の増減はあっても均せばフラットな状況になる。15世紀までの中世は、定常状態とはいえ、10年、20年単位で均してみれば定常に見えても、1年単位となると10％成長する年もあれば、翌年にはマイナス10％になるような非常に起伏に富んだ経済状況にあった。この点で、21世紀の定常状態は中世とは異なり毎年の変動率が小さいという点ではるかに望ましい。

もう少し、「定常状態前夜」の日本経済の状況を書いておこう。97年から名目成長率でいえば、毎年1％弱下がり続けている。ピーク時に524兆円（1997年7〜9月期）であった名目GDPは、2014年7〜9月期には485兆円にまで縮小し、金利もほぼ同じようなテンポで下がっている。それでも、一人当たりのGDPは、4万6000ドルぐらいで、アメリカの4万8000ドル（2011年）並みになる。失われた20年の後でも、リーマン・ショック直後のアメリカと、ほぼ同程度の豊かさを享受しているわけである。

ヨーロッパ先進国のドイツ、イギリス、フランスは、日本とそう変わらない人口と面積を持つ国々だが、一人当たりのGDPに直すと4万ドルには届かない。

問題は、1000兆円の借金である。

先述したベラーの言葉は、この問題を日本がクリアして初めて額面どおりに受け取ることができる。人口1億2700万人から9000万人に落ち着く過程で、この巨大な借金を氾濫させないで閉じ込めておく方策を日本人は考え、実践しなくてはならないのである。

総量の経済規模が増えない限り、相対的に借金は増えることになる。1000兆円の借金を横ばいにしたままでおくには、毎年の財政収支をプラスマイナス・ゼロにしなくてはならないし、そのためには40兆円の増税をしなければならない。永久に返済できない借金を背負っているわけで、常識的な意味では危機的状況である。GDPに対する債務残高の比率は2倍を超えている。これはダントツで世界一なのである。人口9000万人で、名目所得が4万6000ドルで横ばいになると措定して、その間に1000兆円を税金で返済していかなくてはならない。その場合、名目所得は一定だが、税負担だけが増えていく。税引き後の所得が減っていくことになり、これは大変な事態ともいえる。家計に置き換えるなら、破産状態といえよう。ものすごい借金を抱えているのに、収入が増えない家に例えられる。それで禁治産者《きんちさんしゃ》のように諸外国から見做《みな》されないのはなぜなのか。

借金1000兆円のカラクリ

すこし脇に逸れるが、次のようなカラクリがある。

日本は現在、ストックとして1000兆円の借金があり、フローでは毎年40兆円の財政赤字をつくっている。まず、フローの資金繰りに関してだが、現在の金融機関はマネー・ストックとしてある８００兆円の預金が年３％、約24兆円ずつ増えている。その多くは年金である。年金が消費へと向かわず、預金として銀行に流れているわけだ。もちろん個別に見れば預金を引き出して消費する人もいるが、トータルにみれば預金が増えているのはほとんど年金である。

さらにいま、企業は、１９９９年以降、恒常的に資金余剰の状態が定着していて、２０１３年第３四半期時点で１年間の資金余剰は23・３兆円にも達している。このように、家計部門と企業部門を合わせた資金余剰は48・０兆円、対ＧＤＰ比で10・１％と高水準を維持している。これが、銀行や生保などの金融機関を通して国債の購入に充てることのできる金額で、毎年40兆円発行される国債が消化できているという寸法である。

ストックの１０００兆円の借金に関しては、どうなのか？　なぜＧＤＰの２倍もの借金をしてもまったく問題にならないのか？　フローの累計がストックの数字になるから、なのである。フローでつじつまが合っているということは、ストックでも同じことがいえるわけなのだ。日本の実物資産、つまり工場や店舗、オフィスビルなど不動産資産は、民間だけで１２００兆円ある。さらに個人の金融資産が負債を差し引いても１０００兆円以上ある。１０００兆円の借金は大変であるが、それを大きく上回る資産もある。そもそも、国民が国債という資産を1000兆円分も保有しているという考え方すら、視点を転換すれば可能であろう。要するに、借金の反対側にかなりの担保を持っている。ただし、問題は、政府、企業、個人を合算した日本株式会社であれば、以上の議論は成立するが、国家の債務を民間の資産で相殺するわけにはいかず、絵に描いた餅とも言えるのである。ともあれ、そうした日本的な強みが功を奏して市場からの信頼は失われずにいるわけである。

しかし、このカラクリが、いつまでも続くとは限らない。年3%で増えている銀行のマネー・ストックが純減するときが潮目になる。現在同様に毎年40兆~50兆円の財政赤字を続けるなら、いずれ国内の資金だけではショートして、国債の消化ができなくなる。日銀の試算では、2017年には預金の増加が終わると予測されている。そうなれば、外国人に国債を買ってもらわねばならず、現実的には金利は上昇するだろう。金利上昇によって利払いが膨らむから、日本の財政は瞬くまにクラッシュする事態に追い込まれるかもしれない。それでは、近代からのソフトランディングも挫折に終わる。財政破綻させないためにも、是が非でも基礎的財政収支(プライマリー・バランス)だけは、均衡させておく必要がある。

それでは、現在のストックの1000兆円の借金はどうすればよいのか?

この点については、次回に考えてみたい。ここにこそ日本が模索すべき「定常状態」の豊かさを享受するヒントが隠されているのである。

その前に、定常化を迎えるに当たり、1000兆円の借金以外に、もう一つ、危惧していることを書いておきたい。

エネルギー問題である。GDPデフレーター（物価指数の一つで、名目GDPを実質GDPで割った数値。これが、1・0を下回るとデフレ）は、増減率に直すと、産出デフレーター（売上）から中間投入デフレーター（資源）を引いた額として計算できる。この売上に相当する産出デフレーターは、国内の成熟度合いと連動しているので、物価の急激な押し上げ要因にはなりにくい。しかし、資源に相当する中間投入デフレーターのほうは海外の資源国の条件によって上がっていく。新興国が成長すればするほど、世界的にエネルギー多消費型の経済になり、引き算すべき中間投入デフレーターが勢いよく上がっていく。結果として、GDPデフレーターが1・0、つまりGDPデフレーターの伸び率がゼロにならないことになる。放っておくと、名目GDPは定常状態ではなく減っていく。

定常状態に持っていくためには、なるべく早い段階で人口減少を止めて横ばいにする必要が生じる。そうすれば産出デフレーターは、ほぼ一定になる。もう一つは、中間投入デフレーターについて、1バレル＝100ドルの原油は高いから、それよりも安価なエネルギーを自前でつくるほかない。1kW／h当たり、原油で20数円。太陽光だと40数円。国内で何らかの新しい資源（たとえば日本近海の地下資源として注目される「メタンハイドレート」の実用化）と技術で20円以下でつくることができれば、名目GDPの減少は止められるだろう。

「定常状態」を享受するヒント

日本がストックとして1000兆円の借金があり、フローでは毎年40兆円の財政赤字をつくっていながら、なお財政破綻しない理由を説明したが、GDPの2倍もの借金をしていながら、諸外国から「禁治産者」のような扱いを受けないのはなぜなのか。平たく言えば、国の借金の向こう側に民間の潤沢なマネーが存在するということであった。だが、そうはいっても、とても返済など叶わない膨大な金子《きんす》である1000兆円の借金をどうすればよいのか？「ここにこそ日本が模索すべき「定常状態」の豊かさを享受するヒントが隠されている」と書いたので、私なりの青写真を提示してみたい。

定常状態を維持するのに欠かせない条件、ゼロ金利、ゼロ成長、ゼロインフレを日本はすでに手にしていると言ってよいだろう。現在の日本は、定常状態の必要条件は満たしているが、これだけでは不十分であることはすでに触れた。基礎的財政収支（プライマリー・バランス）を均衡させておくことが必要になる。

このプライマリー・バランスをゼロにするためには、増税は止むをえない。消費税も最終的には20％近くの税率にせざるをえないだろう。だが、ここで問題になるのは、財政均衡の打開策として、累進性の強い法人税や金融資産課税を増税するしかないはずなのに、逆累進性の強い消費税の増税ばかりに議論が向かっている点である。現在の経済システム下では、富を生むものは、金融資産しかない。資産が資産を生むという状況をつくる政策を政府・日銀はとってきたのだから、そこで増えた分から税金を取るしか、この危機的な財政状況を切り抜けられる術はないものと思われる。

特に法人税の論議に至っては、財界は「下げろ」の一点張りで、新自由主義を標榜する者たちは実はリバタリアンか、それとも無政府主義者かと皮肉りたくなる。法人税を下げたところで、利益は資本家が独占して、従業員の賃金にはほとんど反映されないのであるから、国家の財政を健全にするために、政府は分配の機能を強めていくほうが国民国家にとって益をもたらすことは自明なのである。

残された時間

いまは増え続けている預金も２０１７年あたりを境に減少に転ずると予測される。今後は、団塊世代が貯金を取り崩し始め、相続した子ども世代が預金にお金を回さないことで、減少圧力が強まっていく。残された時間は、せいぜい数年とみるのが妥当だろう。

他方、1000兆円の借金はどうしたものだろう。私は、日本の借金1000兆円は債券ではなく「日本株式会社」会員権への出資だと思うことにするのが最善手だと考えている。

国民は、銀行にお金を預け、そのお金が結局、国債購入に使われる。銀行は国民のお金で国債を購入していると言っても間違いではない。国民の預金は、間接的に国債を購入していることに変わりないのである。

その国債がゼロ金利であるということは、配当がないということである。配当はないが、日本のなかで豊かな生活サービスと安全を享受できる。そのための出資金が、積み上がった借金1000兆円なのだと発想の転換をしたほうがよい。だが、先述したプライマリー・バランスの均衡が達成されなければ、外国人の国債購入が始まる。外国人にとって日本国債を買うことは生活サービスを受けられることにはならないから、金利は上昇する。これが日本国の財政破綻の引き金になることはすでに書いたとおりである。これを回避するためには、日本国民は、個人であれ法人であれ、甘んじて税金の負担を受け入れなければならない。

国民は負担をそのように納得し、国はハンドリングを誤らずに借り換えを続けて

1000兆円で固定したままにしておくことが重要なのである。現在、理財局が管理にあたっているが、理財局はGPIF（年金積立金管理運用独立行政法人）などに任せて、株の運用など行っていてはいけない。国債の借り換え、借金の管理には、理財局などではなくて、専門のたとえば国債管理庁を日銀の中に創設するのも一手だと私は考える。それほど国債の管理は重要な案件である。ここを誤ると日本は大変なことになる。

「近代」は未完のプロジェクト

多くの人々は、日本がやがて迎える「ゼロ成長経済＝定常化状態」の内実をいまだ知らずにいる。言葉の語感に囚われて、そんなことは簡単にできるとでも思っている。経済ジャーナリストの中には、成長を目指さないなどネガティヴで不健康な考え方だと早合点している者もまだ多い。だが現実は、斯《か》くの如し。様々な知恵を駆使しなくては、ゼロ成長すら覚束《おぼつか》ないのである。

2015年の2月10日。財務省は、「国の借金」残高が、2014年12月末時点で、1029兆9205億円と発表した。今年1月1日時点の総務省・人口推計が1億2702万人。私たち日本人は、国民一人当たり、811万円の借金を抱えていることになるが、なに、気の持ちようである。逆転の発想をすれば、一人あたま、811万円の金融資産を保有しているとも言えるのである。

ドイツの哲学者フランクフルト学派のユルゲン・ハーバーマスに、「近代は未完のプロジェクトである」という言葉がある。近代の特徴を突いた表現で、だから近代の「蒐集」には終わりがないともいえる。そして「蒐集」の概念を経済学的に表現したのが、「セイの法則」だといえる。「供給は自ら需要をつくる」としたセイは、実は供給は過剰消費をつくるだけの帰結をみた。いま必要なのは、「蒐集」からいかに混乱なく撤退するかという命題であり、撤退戦には困難と痛みが伴うものだ。

シューベルトの《未完成》がシンフォニーとして存立しえるのは、その未完ゆえの美に依拠している。近代が存立しえたのも、その未完のプロジェクトという属性ゆえである。いつか完成する「理想の近代」像を想うのは、徒労であり見果てぬ夢かもしれない。

チャーチルが民主主義について述べた逆説は、むしろ近代資本主義にこそ相応しい。「資本主義は最悪の経済システムだが、しかし、資本主義よりも良いシステムはない」

近代資本主義の甘い蜜を舐め、無謬《むびゅう》性に帰依してきた世代には気の利いたアネクドートだが、ポスト近代を目の当たりにする次世代には笑えない冗談、不愉快な戯言《ざれごと》にしか聞こえないかもしれない。(「「ゼロ成長社会」への道筋　資本主義の黄昏3」『新潮45』2015年4月号)

資本主義の黄昏4　「近代の秋」への発想の転換

投資して、回収する

「資本主義は本当に終わるのでしょうか？　私にはそうは思えないのです。近代がやがて終焉を迎え、次の大きな時代に転換していくであろうことは理解できます。しかし、資本主義は姿を変えながら存続していくのではないでしょうか？」講演会で質疑応答に入ると、全国どこでも必ずこの質問が発せられる。私は、こう答えることにしている。

「もっともな質問であると思う。たいていの方は感覚的に、資本主義を市場経済とまったく同義に捉えておられるし、資本主義をどう定義するかによって、結論も変わってくるだろう。私は、資本主義とは本質的に資本の自己増殖と利潤の極大化を目指すものであるとする立場である。投資して、回収する。その運動を単純に永遠に繰り返すものだと考える立場であった。そうである以上、日本を始めとする先進資本主義国のほとんどが、「ゼロ金利・利潤率ゼロ」となっている現実を眼前にしては、資本主義の死亡診断書を書かざるをえない。

イエス・キリストがゴルゴタの丘に磔にされた当時の原始キリスト教と現在のカトリック、プロテスタント、正教は、いずれも大きな隔たりがある。教義が変化変容を遂げてしまったわけだが、それでも「キリスト教」として一般には一貫して認識されている。ガウタマ・シッダールタがインドで悟った当初の仏教と今日の日本仏教にも同じことが言える。その伝で言うなら、資本主義は今後も市場経済とともに存続すると強弁できるかもしれない。だがそのとき、資本主義は誕生した当初から本来的に備えていた本質をもはや失ってしまっている。これをもし、「変化変容した資本主義」と捉えるか否かは、観る者の知的背景にも因るだろう。繰り返すが、私はその立場は取らないのである」内実の伴っていない外形は、その名に値しない。そう私は考える。それは私の研究者としてのモラルでもある。

近代のブレーキ役

ピケティが『21世紀の資本』で残したものは、一束の論争だけではない。社会の経済学をみつめる目に大きな変化をもたらした点にも存するだろうと私は考えている。多くの読者が経済学にモラルの復権をみたはずなのである。

昔から経済学には「モラル・サイエンス」の色彩が濃かったのだ。その揺籃期から発展生成期にいたるまで資本主義には多くの問題が内包されていると考えられてきた。あらかじめ「富める者」の絶対数は、資本主義社会の成員の15%を上限とされる以上、何らかの分配システムを国家・政府が考案しなければ、曲がりなりにも今日までの数百年間を存続しえなかったであろう。その歴史のなかで資本主義の暴走にブレーキをかけた経済学者・思想家がいた。

『道徳感情論』で金持ちがより多くの富を求めるのは「徳の道」からの堕落だと説いた18世紀のアダム・スミス、『資本論』で資本家の搾取こそ利潤の源泉であると見抜いた19世紀のカール・マルクス、失業は市場で解決できないため政府が責任を担うべきであると主張した20世紀のジョン・メイナード・ケインズ。彼らは皆、近代の偉大なブレーキ役だったと言ってよい。

さらにさかのぼれば、経済学などまだ登場していない時代にも、ダンテは「強欲は人の道に外れる」と批判していたし、シェイクスピアは『リア王』で、分配の重要性を理解しない国王の圧政を批判している。その意味で、資本主義には時代を問わず、良き「お目付け役」のごとき偉人たちが存在していた。こころある為政者は文人気質の者も多かったから、こうした言葉がブレーキとして機能していたということである。

ところで、マルクスのブレーキは、19世紀の半ばからソビエトの崩壊までは効力を有していた。また、1929年に世界が恐慌に直面すると、ケインズ主義が暴走する資本主義に足枷を嵌《は》め制御することに、1972年あたりまでは一定の成果を上げていた。しかし、オイルショックが起きて、スタグフレーション（不況とインフレが同時的に進行する経済状況）を招き、ケインズ政策の有効性に疑問の声が上がると、一転してケインズは停滞の犯人にみなされてしまったのであるが。

彼らに取って代わった反ケインズの経済学者が、ミルトン・フリードマン、フリードリヒ・ハイエクら、新自由主義の旗手と呼ばれた者たちである。21世紀のグローバル化した金融資本主義は、その延長線上にあるものだから、いわば「制動機能《ブレーキ》のない資本主義」と呼びうるものなのだ。

そして、リーマン・ショックを経て、ようやく新自由主義が唱導するようなブレーキなしの資本主義に警鐘が鳴り始めたことは周知のとおりである。

しかし、リーマン・ショックという巨大な資本主義の危機を経てもなお金融緩和を行い、インフレに向かう期待を持たせれば停滞した経済は好転するというリフレ派の理論が、経済政策の主導者たちの間では優勢であった。「株価が上がった」という一点だけを捉えて、アメリカの量的緩和、日本の異次元緩和を成功だと唱える政治家、彼らのブレーン、経済学者が、まだまだ経済政策決定の場においては主流を占めている。もちろん、こうした認識は著しく偏りがあり、現実とは乖離《かいり》した主張に固執する態度は、経済閣僚、経済学者としてモラルに欠けていると断ぜざるをえない。

あのローレンス・サマーズですら、2013年の国際通貨基金（IMF）年次会議の席で、先進国が貯蓄過剰のもと、需要不足の「長期停滞」に陥っていると明確に述べている。だが、あえて言えば、このサマーズ発言ですら、認識が甘いのである。サマーズの言うとおり「需要不足」であるなら、新自由主義も金融緩和も特効薬たりえないいまこそ、もう一つの処方箋として「ケインズに還れ」という声がケインジアンたちから唱導されるはずだ。積極財政により国内で需要を創出すれば経済は持ち直すであろうという議論である。

余談になるが、私は、ケインズ的な「大きな政府」も、グローバル資本主義のもとでは、焼け石に水の効果もないと考える立場である。財政出動は公共事業にかつてのような乗数効果が見込めない現在にあっては、財政赤字を増加させるのが落ちだろう。ケインズ流の大きな政府が成立するのは、資本が国境を越えず、一国のなかでマネーの動きを制御できた時代の話である。国境を越えて資本が自己増殖していくグローバル資本主義のもとでは、ある国家の内側での需要創出を意図するケインズ政策も、実効ある処方箋にはならない。

ケインズの最も大きな欠陥は、「ゼロ金利、ゼロ成長、ゼロインフレ」という問題に直面している21世紀に、経済成長を目的にしている点なのである。しかし、そのケインズにしても、登場した往時は、十分にモラーリッシュな存在であった。

そしてピケティの華々しい登場により、経済学は久々にモラル・サイエンスとしての面目を回復したと言えるだろう。ピケティの議論が日本の実情に合うとか合わないとか、そんなことは些末なことである。

いまなお増殖を続けるグローバル資本主義の暴走にブレーキをかけられるのは、ピケティのような数少ない知性なのである。ピケティは、きわめて優秀な数理経済学者であるが、そのことに惑溺しない闊達な精神と強靭なモラルを身につけている。数学者でも扱えないような数学を駆使して閉じられたモデルをつくり、悦に入っているような偏狭な経済学者ではない。著作のなかで、徹底的に自説を証明しようとするから、『21世紀の資本』は膨大な質量を備えた大著になってしまったが、これは持論を説いて議論の相手を屈服させるようなことを自著のなかで徹底することを潔しとしない淡白な日本人の理解を超えるものであろう。いずれにせよ、この書物が21世紀の代表的な経済書になることは間違いない。

過ぎ去ったものが死滅する時季

その誕生時から過剰利潤を追い求めた資本主義は、欠陥を内に持って成長したシステムであった。これまでの歴史で、多くの知性が警鐘を鳴らして資本主義の暴走にブレーキをかけてきたことはすでに書いた。ダンテ、シェイクスピア、ルソー、ロック、アダム・スミス、ジョン・スチュアート・ミル、リカード、マルクス、ケインズ。いずれの思想家も資本主義の欠点を是正する具体的な処方箋を書いてきた者たちである。彼らが遺した古典があったからこそ、資本主義は、800年にわたって存続できたのである。先進国に限ってみるなら、限りなく豊かな社会を実現することも可能になった。

この欠陥だらけの資本主義を近代経済学は、供給曲線と需要曲線の均衡するところが価格だと定義づけした。それはあくまでも、原油資源を1バレル2ドルから3ドルで買ってつくった製品であればの話である。そうしたタダ同然の原料でつくった製品であれば、国内市場では需要と供給が一致するといういまとなっては幻のような仮定に基づいた「お話」にすぎない。富める資本主義という「中心」の外部に、貧しい資源国という「周辺」

があって初めて成立する経済学である。こうした近代を下支えしてきた経済学だけが過去のものになったわけではない。「より速く、より遠くへ、より合理的に」という近代資本主義を駆動してきた基本理念にも疑問を抱くべきときなのではないか。私たちは、ライフスタイルや世界観をあらかじめ近代という「時代」に規定されてしまっている。いまいる現状の世界から外に出て、自らを眺めてみるということは、ほとんど不可能事に近いことであろう。「新幹線でより速く、故郷を捨ててより遠く、因習だらけの田舎暮らしから合理的な都会生活へ」と、一色に塗りつぶされたライフスタイルを希求してきた近代資本主義のなかでも、とりわけ日本人は、しかもインテリであるほど、その「近代人」たらんと願い欲して行動してきたのではないか。

「よりゆっくり、より近く、より寛容に」と、近代が持っていたテーゼに真っ向から刃向う生き方に転換を試みるにしても、「経済成長」に取って代わる「何か意義ある価値観」を模索することは、個人にとっては容易ではない。どんな偉大な同時代の知性が著した本を読んだからといって、どんな碩学の講演会を聴講したからといって、どんな高価な自己啓発セミナーに参加したからといって、一朝一夕に人は変われるものではないし、己が身を置く社会をつぶさに観察してみたところで世の中は昨日となんら代わりばえしてなどみえてきはしない。社会のロジックが「脱近代」の方向性ですべて変わらなければ、そこに生きる個人にとって、実感など持ちえようはずもない。社会は「変わる」もので「変える」ものではない。超微速で、しかし圧倒的に強力なトルクで、時代はいつしかガラリと変転していくものである。

オランダの歴史家、ヨハン・ホイジンガは『中世の秋』を書くに際して友人に宛てた書簡に次のように記している。

「中世後期を、きたるべき時代を予告するものとしてではなく、すでに過ぎ去ったものが死滅する時季としてとらえたらどうか」

私たちもいま、「中世の秋」ならぬ「近代の秋」にいるという認識がおそらくは必要なのだろう。それはつまり、一つの世代では次の時代への変貌は見届けられないことを意味している。4世代、少なくとも3世代をかけて、時代は次の舞台を用意するものらしい。

新たな「中世」へ

脱近代社会は、すべての社会的ロジックが同じベクトルの方向にそろって向かなければ、実現されない。この社会の大変化に伴う混乱と痛みはきわめて大きいと私は考える。ただし、数世代にわたる長いスパンでの変化なので、一つの世代が引き受ける役割にも諸相がみられるのではないか。

それでは、「近代の秋」に身を置くわれわれの世代は何を、どう準備すればよいのであろうか。

「よりゆっくり、より近く、より寛容に」生きるとは、どのようなことなのか。

これはあえて誤解を恐れずに書くなら、新たな「中世化」ということかもしれない。

中世化をいくつかのポイントからみてみる。

■人口——2050年以降、人口成長率ゼロないしマイナス

人口について、2050年になれば、5大大陸のうちアフリカ大陸を除けば、人口の伸び率は全部、マイナスかゼロになるから、それ以降は、人口についても、確実に中世の時代と言える。人口学というのは、社会科学のなかで最も予測が当たる学問だそうだ。もちろん来年や再来年の予測ではなくて、1世代、30年後の人口、出生率だが、それらはいま、分かるようになっている。

■価値観——「世代間の価値観の収斂」(見田宗介)

それから、社会学者の見田宗介が言っている「世代間の価値観の収斂」ということがある。NHKの世論調査で、いまの親子は、価値観の差がまったくない。数値化され、昔

「2」ほどあったものがいま「0・01」となっているという見方だ。たとえば、親子のファッションが一緒になる。かつての親は、子どもと同じTシャツを着て街へ買い物に行くのは恥ずかしくて嫌だという価値観の持ち主だったが、若い親は、そんなこと（子どもとお揃いのTシャツ）にほとんど抵抗がないようだ。中世の時代に価値観が一緒だったかどうかは分からないが、ギルド制の社会であれば、両親から手ほどきを受けないと仕事が継げなかったので、親子の対立というのは基本的には少なかったろうと考えられる。

■社会――「相続の黄金時代」（ピケティ）

ピケティによれば、21世紀は「相続の黄金時代」である。中世も相続社会で、実力のある人も、親から財産をもらわないと財産を築けなかった。相続の黄金時代というのは、フランス革命の前の時期のこと。21世紀末にまたそのようになりそうだ。

ところでピケティは、相続以外に資産を増やす方法は他に二つあると言っている。一つは、アメリカのCEOになること。その報酬は、一般の賃金の数百倍にもなる。雇人を数十人位抱える中世の王侯貴族の水準である。高額な彼らの報酬の決まり方は、経済学の生産性原理からはまったく説明できない。もう一つは、バルザックの小説『ゴリオ爺さん』（少数の王侯貴族・ブルジョアジーと、大多数の庶民との格差があった19世紀初頭が舞台で、そのような風潮がみられる）にあるような、婚姻による財産の取得である。

■権力構造――「帝国の時代」（ジャンマリー・ゲーノ）

ジャンマリー・ゲーノ（仏の外交官で、現在、政治学者）に言わせれば、21世紀は「帝国の時代」である。債務問題を抱えたギリシャは、気の毒にもドイツのメルケル首相に頭を下げないとユーロに留まれないという事態に陥った。最近はギリシャが開き直っているが、多少は開き直ってもよいのではないかと思う。もう、ヨーロッパは、国民国家の枠を超えて動いているからである。

具体的に欧州連合（ＥＵ）をみてみる。国際政治学者で英国学派の泰斗ヘドリー・ブルの指摘を待つまでもなく、ＥＵの模索した方向性は、間違いなく「新中世主義」である。これは、政治的に「権力」と「権威」を分離する仕組みであるから、大統領（権威）は小国ベルギーやポーランドなどから選任し、権力は強国ドイツのメルケルが担う形である。経済はＥＵのなかでは、人も物も交通の自由度がきわめて高い。しかし、域外に対してはきわめて閉鎖的である。当然、域内においては、中心（ドイツ・フランス）と周辺（スペイン・ギリシャなど）が生まれ、格差がはなはだしく大きくなっている。中世の身分社会がいまや違う形で生まれてきている。

もう一つ、顕著になっているのが、ＥＵ域内では比較的安定しているが、域外との関係は中世さながらにリスクを伴うものとなったことだろう。中世は交易をするにも社会が異質なイスラム社会に出向くことはリスクが高かった。法律も異なるし、香辛料を求めてペルシャに行って、無事に帰ってこられる保証はなかったのである。いまやイスラム圏との関係は、誰もが知るように「文明の衝突」が惹起《じゃっき》され、中世以上に中世のマイナス面が現れていると言ってよい。

皮肉なことに、ＥＵの「近代の秋」は、かつての「中世」を髣髴《ほうふつ》とさせるものである。経済的には「定常状態」。社会的には「身分社会」。交易面では「リスク社会」なのである。日本が脱近代を模索するとき、考えるヒントは「中世」にあるとみえるが、注意深くマイナス面、ネガティヴなところを回避していく必要があろう。ＥＵの先例は非常に参考になる。

欧州がＥＵで行った実験をみながら、日本という豊かな国を沈没させずに、国家全体を上手く経営していく方策を考えるならば、答えはおのずと限られて来る。

東京一極集中の中央集権国家からの脱却を目指して、地方分権の実現を準備することが「脱近代」の方向性には合致していると私は考えている。

あまりにもしばしば言われ続け、かけ声倒れに終始してきたために、陳腐にも実現不可能にも聞こえる「地方分権」というこの提言を書くのはいささか面映《おもば》ゆいものがある。だが、これからの日本はあえて地域分権にシフトしていかなければ、未来はないものと思う。東京、霞が関官僚の旧弊な論理で、日本人自身が考えているより存外はるかに大きなこの島国を繁栄させることは、もはや困難であろう。

中央中心のシステムを維持したまま、地方交付税交付金で、あくまで東京の官僚が地方にお金を配って「考えろ」では上手くいくものも、上手く運びはしない。旧弊な中央集権の仕組みを解体しておくことである。このくだりの詳細は、次回に譲りたいが、大概はこうである。

我が国の500兆円経済は、五つのブロックにわけるなら、ざっと一つが100兆円規模になるように塩梅するのである。ギリシャ一国で30兆円の国力。ギリシャが三つ分の100兆円あって足りないということはよもやあるまい。

人の移動は、はなはだ不自由なのが宜しい。地方の若者が高校を卒業して地元の国公立大学を目指すなら学費は免除、中央の東京大学や東京工業大学に入るというなら学費は2倍にするのである。優秀な成績で地方大学を卒業した者には優先的に地方自治体や地方銀行、その地に本社のある会社に採用させる。

会社も、東京本社を引き払って地元に戻るなら、法人税を東京よりも割安にするがよかろう。交通も高速道路料金は域内は無料にして、域外に出る場合はしっかり徴収する。国《くに》境《ざかい》に関所を設けて通行税を徴収するようなものである。会社は、日本に存在する４００万社がすべてグローバル化などする必要性は、まったくない。大半はドメスティックなままで何の不都合もないのである。よく、テレビ東京などが、「地方の匠の技」に外国人たちが欣《きん》喜《き》雀《じゃく》躍《やく》ている姿を映して、「日本経済は、地道な努力で、まだまだ成長可能です」などとやっているが、ナンセンスである。これは、ほんの一部の例外的な成功例であり、針小棒大に言うほどのことではない。

　手作りの工芸品のような刷毛を使って弦楽器作りをしているクレモナの職人が日本経済を「成長」させるなどと常人は思わないが、中には真に受ける人もいたりする。エコノミストや経済ジャーナリストが官邸で総理大臣を前にして、この手の例外的な成功譚ばかりを吹き込むと、アベノミクスなどという妄想に支配されてしまう御仁も出てくるのである。はなはだ迷惑千万な話である。（「「近代の秋」への発想の転換　資本主義の黄昏４」『新潮45』２０１５年５月号、「「歴史の危機」における新しいシステム構築のヒント」『福音と社会』２８１・２８２合併号をもとに再構成）

資本主義の黄昏5　皇帝なき「閉じた」帝国の時代

ドイツの10年国債利回りが2015年2月以降日本のそれを下回っている。[1] 4月中旬には0・1%を下回り、5000年の『金利の歴史』（シドニー・ホーマー、リチャード・シラ）上で最も低い記録を打ちたてた（通貨防衛でマイナス金利となっているスイスなどを除く）。17世紀初頭のオランダが当時世界最低記録を保持していたイタリア・ジェノバの金利を下回ったのは1624年。2015年はそれ以来の大転換点となりそうである。すなわち、国民国家の時代が終わってジャンマリ・ゲーノのいう「皇帝なき帝国」の時代が再来するのである。

1215年にローマ教会によって認められて以来、800年の歴史において世界最低利回りを経験した国はわずか6カ国しか存在しない。もし、このままドイツの国債利回りが日本を下回るようであれば、7番目の国となる。重要な点はドイツの超低金利はオランダからイギリス、イギリスから米国、そして米国から日本へとあくまで近代システム内での交代とはわけが違うということだ。

21世紀のキーワードは「閉じる」である。ユーロは「閉じた」帝国であって、従来の理念上の「無限」帝国とは異なる。「無限の空間」を前提とした近代＝「海の時代」が終わって、再び中世の「閉じた空間」が再来する。世界が「閉じる」とき、国内も「閉じる」のである。「無限空間」が無限でなくなれば、「閉じ」ない限り、自立ができないからである。

ドイツの超低金利

資本主義が始まった13世紀[2]以来、超低金利国（世界最低利回り国）は6カ国あった。まずスペインであり、ついでイタリア・ジェノバである。この2カ国は帝国の時代における超低金利国だった。ついで3番目にオランダ、そしてイギリス、米国を経て、6番目が1978年から2014年までの日本だった。オランダ、イギリス、米国は近代主権国家システムにおける覇権国だった。そして2015年になってドイツが日本にとってかわろうとしている。

超低金利国の交代はシステムの終焉を意味するか、あるいは同じシステムのなかでの中心の移動を意味する。２０１５年の日本からドイツへの交代は前者を意味している可能性が大きい。前者は世界の枠組みを一変させてしまうので、それだけ衝撃が大きいし、その衝撃を吸収するのに時間を要する。中世・帝国の時代から近代・主権国家の時代へと変わるのに、約2世紀を要した。１４５３年にビザンチン帝国が滅んで１６４８年ウェストファリア条約でオランダ共和国の独立が認められるまでの２００年間をブローデルは「長い16世紀」（１４５０〜１６５０年）と称した。

後者の場合、システムを変えることなく、およそ数十年で主役の交代だけが起きる。最も長かったのは、20世紀の二つの世界大戦をはさんでイギリスから米国へ覇権が移った30年間だった。また、スペインからイタリア、米国から日本への超低金利の交代においては政治的な地位は変わることなく、経済的な中心が動いただけだった。

システムの交代、ないし、覇権の交代を伴う超低金利国の交代は、その前後で時代を画する政治的・経済的事件が必ず旧体制と新体制の両方で起きている。とりわけ、超低金利国になる初期の段階で大きなバブルを経験する。オランダのチューリップバブル、イギリスの南海バブル、そして１９２０年代の米国株式・土地バブル、１９８０年代の日本の株式・土地バブルである。

システムが交代した「長い16世紀」における中ほどの１５７２年にそれまで世界で最も

超低金利だったスペインをイタリア・ジェノバの国債利回りが下回ったが、1557年以降スペイン皇帝フェリペ2世は財政破綻宣言を繰り返し、1588年にスペイン無敵艦隊はアルマダの海戦でイギリスに敗北した。

一方、国民国家の時代における最初の覇権国となったオランダでは新しい時代の到来を反映し、トルコから伝わったチューリップ投機が起き、1637年チューリップバブルが弾けた。1648年にはウェストファリア条約で近代主権国家の概念が誕生した。「長い16世紀」が終わる直前の1622年にイタリア・ジェノバの金利は一気に4・25%へと急騰し、「ジェノバの世紀」が幕を閉じるとともに「中世」が終わったのだった。

システムの交代をもたらしたのは、シュミットのいう「空間革命」をオランダとイギリスが起こしたからである。「閉じた空間」である環地中海帝国においては、もはや17世紀初頭になると「銀と金は投資の手段を見いだせない」(ブローデル)状態だった。そこで旧世界のスペイン、ポルトガル、イタリアは大航海に賭けたが、旧世界の国は「陸」に固執したため、遅れて大航海に乗り出したイギリス、オランダが「海」を支配し「新大陸」からの莫大な利潤を手にした。

近代システムのなかで超低金利の交代は3回あったが、それは誰が「無限の空間」を支配するか、いわば覇権争いだった。バルト海貿易など狭い海しか支配できなかったオランダにとってかわったのが「七つの海」を一体化したイギリスであって、20世紀の二つの大戦を経てアメリカが「空」を支配することでイギリスから「七つの海」を相続した。しかし、21世紀のグローバリゼーションがアフリカに到達したことで、空間が閉じた。

日本の10年国債利回りが0・3%前後、ドイツのそれが0・1%前後で推移しているのは、17世紀の利子率革命でイタリア・ジェノバが環地中海帝国内で直面したように、「無限」であるはずの空間でアフリカの次の投資機会がみいだせないからである。そうであれば、ドイツの10年国債利回りが日本のそれを下回ったのは、システムの変更が起きるという兆候だと考えることができる。

17世紀の利子率革命はシステム交代(中世から近代へ)を伴ったが、オランダ、イギリスの超低金利は2・0%台だったし、米国のそれは1941年に1・85%まで低下したものの、2年と続かなかった。

ところが、21世紀の利子率革命において日本とドイツだけが超低金利ではない。2015年3月時点で欧州連合(EU)加盟国のなかで日本の10年国債利回り0・374%より低いのはオランダ、デンマーク、ルクセンブルク、そしてチェコの4カ国である。5000年の『金利の歴史』のなかでシステムの交代をもたらすか否かは金利水準でいえば、2・0%が分水嶺である。

現在、ＥＵ加盟国で２０１２年から現在まで３年強にわたって10年国債利回りが２・０％を下回っているのは４カ国であるが、２０１４年以降になると、10カ国となった。２０１５年１〜３月では18カ国と、ＥＣＢが公表している27カ国中３分の２の国にまで広がっている。超低金利は日本固有の問題ではなく、近代化を終え成熟化した先進国共通の問題となったのである。大半の先進国の10年国債利回りが２・０％を下回っているのは、先進工業国がこれ以上優良な投資先がないという事実を反映している。

「新中世主義」

金利からみれば、明らかに近代システムの終わりなのである。それは同時に統治システムからいえば、国民国家の時代の終わりであり、経済的には資本主義システムの終わりを意味している。次の統治システムはフランスの外交官で政治学者であるジャンマリ・ゲーノが１９９３年に指摘したように「今、第四の帝国が誕生する」[3]（『民主主義の終わり』）のである。「国民国家の成熟と近代デモクラシー制度は、歴史的役割をもう十分にはたしたのだ」（前掲書）。ＥＵが「第四の帝国」である。

「第四の帝国」ＥＵは古代ローマや中世スペイン帝国が世界帝国を目指していたのとは異なり、明らかに「閉じた帝国」である。米国でさえも世界帝国になりえなかったことを、

ＥＵにできるはずもないし、ＥＵはそれを望んでもいない。世界帝国はメリットよりもデメリットのほうが大きくなったのである。だから、２０１３年に米国オバマ大統領は「米国はもはや世界の警察官ではない」と宣言したのである。

「無限空間」を前提として、経済が成長していく限りにおいて国家主権は平等でありうるし、相互作用も移動コストが安いことを前提にして「比較優位」の原則でプラスとなる。

主権国家システムとは

①多数の主権国家が存在し、

②相互作用が主権国家間であること、

③共通規範と共通制度の承認、

といった三つの基本的属性から成る。主権国家システムを超えるには、この三つの条件を一つずつ外すとどういうシステムとなるかを１９７７年に考えたのがヘドリー・ブル[4]である。

答えは第2の条件を外したブロック化が現実にありうる選択となる。それ以外はアナーキー状態か世界政府となるので非現実的である。加えて、現行のシステムが機能不全に陥れば、一つ前のシステムを参照してきたのが人類の英知だったので、近代システムが行き詰れば、中世のいいところを見習う必要がある。ブルによれば、中世の良いところは権威と権力を分離した「新中世主義」である。結局、中世が終わったのは1527年の「ローマ劫略」で権力者カール5世と権威者ローマ法王が決定的に対立したことによるのである。

近代の主権国家システムは権力と権威を一人に集中させて、建前上、対外的には国家はすべて平等、国内的には主権在民としてきたが、米ウォーターゲート事件で1974年にニクソン米大統領が弾劾され辞任に追い込まれたことで権威と権力が同時に失墜してしまい、世界秩序を維持するうえで正当性を喪失した。

経済秩序も同じである。1971年、ニクソンショックで世界の基軸通貨であるドルは金の裏打ちをなくし、単なるペーパーマネーと化した。「実物投資空間」において米企業の利潤率が低下したことが原因だった。その後、米国は金融の自由化とIT戦略を駆使することで「電子・金融空間」を創造したもののそれは、「長い16世紀」において「閉じた」環地中海帝国から脱してスペインやイタリアが発見した「新大陸」とは異質のものである。「電子・金融空間」では雇用が増えないし、「中心」に集まった富は決して「周辺」に還元されないからである。「新大陸」発見は「周辺」だったイギリスや米国自身に富をもたらしたのだった。

グローバリゼーションによって世界が一つになることは幻想であることを知らしめたのが先述のオバマ大統領の2013年の宣言だった。そうであれば、世界経済はブロック化の方向に進む。相互作用を断ち切るのは、他の経済圏からの影響を受けないようにするためである。1・0％を下回る国債利回りは「実物投資空間」での利潤率がゼロを示している。そこで、「電子・金融空間」で利潤を極大化しようとすれば、バブル化するのは必至であり、その影響を阻止するには経済圏を極力「閉じる」必要がある。

グローバル化した世界において、「中心」は一つであり、基軸通貨も一つで必要十分である。「電子・金融空間」が世界の「中心」となれば、基軸通貨はドル一つが望ましいが、「閉じた」経済圏が複数できれば、基軸通貨は複数必要となる。21世紀前半は、単一の「世界基軸通貨」（＝ドル）の時代から複数の「地域基軸通貨」の時代への移行過程にある。21世紀最初の10年にシェール革命で最も恩恵を受けるドルが一向に強くならなかったのは、世界の基軸通貨としてのドルプレミアムが剝落しているからである。

ウクライナ紛争に際して、米国が深入りしなかったのも、54年ぶりに米国がキューバと国交回復するのも、ブロック化の流れにあるからである。そしてメルケル独首相がプーチン露大統領と渡り合ってウクライナ問題の解決の糸口を探ったり、中国がアジアインフラ投資銀行（ＡＩＩＢ）を設立したりしているのも同じ意識を持っていると判断できる。ヨーロッパと北アフリカの経済圏、南北アメリカ経済圏、そしてアジア経済圏の盟主として中国がＡＩＩＢ設立で名乗りを上げたのである。

日本だけが異なる意識を持っているようだ。近代システムが盤石でドル一極体制も永遠に続くとの認識があるからだろう。ＡＩＩＢはアジア経済圏において将来人民元を地域基軸通貨にしようとの狙いがあるはずだ。だから、英国を発端にドイツ、フランス、イタリアなどＥＵ加盟国があいついでＡＩＩＢに参加表明したのは、新参者どうしとしての地域基軸通貨間の相互扶助の意味合いがある。ＡＩＩＢに参加しなかった日本政府は将来も単独のドル世界基軸通貨の時代が続くと判断しているとしか考えられない。

　歴史のダイナミズムは長い歴史の教訓からしか学べない。中世のイタリアとスペインが反面教師である。都市国家イタリアは16世紀初頭にマキアベリのイタリア統一の具申《ぐしん》をはねつけ、国民国家形成に乗り遅れた。

　17世紀の世界帝国スペインは帝国システムを強化するための軍事強化作戦[5]を採用し、あえなく失敗する。「長い16世紀」の後半にスペインは26年不況に陥ったうえに、「十七世紀半ばから、百年にわたる長期の危機が悪化」した（ブローデル『地中海』）。「この道（アベノミクス）しかない」と断定するのは、「成長がすべての怪我を癒す」近代にしか通用しないのである。成長基盤が揺らいでいないのであれば、そもそも「失われた20年」など経験していないはずである。

利潤ゼロの正当性

ヘドリー・ブルの「近代システムを超えて」にならうとすれば、近代の理念と反対のものを持ち出す必要がある。近代は「宇宙は無限である」との「科学革命[6]」によって成立し、無限だからその行動原理は「より速く、より遠くへ、そしてより合理的に」である。これに基づいて行動すれば、大半の企業は利潤を極大化することができた。

「無限」だから経済は「オープン」となって、「中心」は一つとなる。その反対は「閉じる」であり、「中心」はなくなる。世界が閉じれば、国の中も閉じる必要が生じる。世界が閉じた姿はブロック化であり、国内が閉じれば、「中心」がなくなって連邦制とか地方分権となる。小さく、かつ「閉じた」経済圏にすれば、仮にそのなかで「中心」ができ富が集中したとしても「周辺」に分配することは可能である。しかし、グローバル化できた「電子・金融空間」の「中心」であるウォール街に集まった富はサハラ砂漠以南に還元されない。サハラ砂漠以南では絶対的貧困者[7]の数はグローバル化がアフリカに及ぶ前と2010年を比べると増加しているの[8]がなによりの証拠である。「よりゆっくり、より近く、より寛容に[9]」を実現するには日本を複数のブロックにわけることである。エネルギー価格が高価な時代にあって、「より速く、より遠くへ」は合理性を欠くし、「より速く、より遠くへ」へ走れば、東京への一極集中が加速し、『地方消滅』[10]（増田寛也、中公新書）が現実化する。地方が消滅すれば、エネルギーも食糧も自給できない東京は成り立たない。

利子率ゼロ（＝利潤率ゼロ）の世界とは、資本が豊富な社会にほかならない。資本係数（＝民間資本ストック／実質ＧＤＰ）が世界で最も高い日本とドイツでゼロ金利が実現したのは、何も無理に移動しなくても（遠くにいかなくても）豊かさが手に入るようになったからである。日本のコンビニの普及がそれを示唆している。そうであれば、利潤を正当化する理由はなくなる。利潤が正当化されるのは、国民があれもこれもほしいと言っているときに、数年の我慢（経済的には貯蓄）を強いることで、企業利潤と家計の貯蓄を合わせた資金で工場、店舗、オフィスビルを建設したからだった。その結果供給力を増やし、家計は欲するものを手にすることができたのだった。ところが、いまや企業利潤はパネル産業に象徴されるように将来の特損、とりわけリストラ費用と化しており、まったく合理性を欠く。

しかし、ゼロ金利となったいま、企業行動で正当化されるのは、固定資本減耗の確保であって、利潤極大化ではない。利潤ゼロとなれば、当然配当もゼロとなる。[11] 預金金利ゼロと整合的である。リスクはもはや株式よりも１０００兆円を超える借金を抱える国が発行する国債のほうが高い。その国債利回りがゼロとなった段階で、国債は出資証券化したことになり、次に起きるのは株式の債券化である。国債は利子という現物給付から日本人が国内に住んで安全、安心というサービスの給付に変わったのである。

過剰資本と化した段階で企業は出資者としての株主のものではなく、社会的存在となった。配当ゼロとなれば、株式はまさにゼロ利息で出資証券化した国債と区別はなくなる。近代初期に債券から派生した株式が、配当ゼロとなったことで債券と再び一体化したのである。これも「新中世主義」の表れである。

それはすなわちドラッカーが『新しい現実』[12]でマネジメントの正統性を問い、最も重要なマネジメントは「組織にとって、成果は、つねに外部にのみ存在する」とし、「組織の内部には、コストが発生するにすぎない」と指摘した。組織の内部に存在するのは売上から仕入れを控除した付加価値であり、資本維持費としての固定資本減耗と労働者に支払われる人件費の三つで構成される。

ところが、事実上ゼロ金利になった１９９０年代半ば以降、人件費はエネルギー高騰に伴って売上高変動費比率が上昇する程度において売上高人件費比率が低下するようになった。一方、売上高に占める企業利潤と固定資本減耗の比率は24％で安定している。ドラッカーのいう「未だに経営管理者たちは、自らに力が与えられているという事実、そして力には責任が伴い、正統性が不可欠であるという事実を、直視していない」という１９８９

年の警告を多くの経営者が無視している。本来最終利益が損益計算書の一番下の項目であるはずなのに、現実は人件費が最終調整項目となっている。

「近代の秋」

日本国内をブロック化することで、企業のナショナルブランドは無価値になる。リージョナルブランドをつくるには、分社化が必要となる。巨大総合スーパーは近代の遺物であって、ポスト近代は地域特化型のスーパーである。売上高の11％を占める企業利潤を人件費に順次振り替えていけば、人件費はおよそ1・5倍に増える。[13]その一部を家計は地域金融機関に利息ゼロの株式預金として預ける。株式預金は預金保険機構の対象外とする。県を跨いだ地域金融機関の経営統合はそれを見込んだ動きである。地域住民が地域金融機関を通じて、企業の利害関係者となるのである。株主の構成が近代とはまったく異なることになる。

利子率ゼロとなった21世紀の現在、貨幣は種子から石に戻ったのである。13世紀にオリーヴィが『契約論』[14]でそれまで石であると考えられていた貨幣を種子であるとして、利子を正当化した。種子だから来年ほぼ確実に実がなるので現時点で利子を受け取っても構わなくなった。８００年たって、利子を産まない世界（すなわち資本主義の終焉）に回帰したので、中世同様ゼロインフレが正常となって、インフレは例外状況となったのである。

利子率ゼロの次にくるのは配当ゼロであり、そうなれば、前述したように株式は債券と区別がつかなくなり、オランダ東インド会社以前の中世の時代に戻ることになる。さらにピケティが指摘したように1980年以降、1910年までの「相続社会」に回帰している。

そうした事態に直面したとき、政治にできるのはビスマルクがいうように「政治家は時間の流れを創造できないが、その流れに乗り舵を操ろうとする」ことだ。現実は望むと望まざるとにかかわらず「新中世」への激流が起きているのだから、水面下にある動かない基調を嗅ぎ取ってその流れのなかでベストな社会を構築することだ。水面下にあるアンカーとは「よりゆっくり、より近く、より寛容に」である。この理念を土台にして望ましい社会をおそらく1世紀ほどかけて構築していかなければならない。その意味でいまは「近代の秋」なのである。(「皇帝なき「閉じた」帝国の時代　資本主義の黄昏5」『新潮45』2015年6月号)

注

1　5月8日には0・54%まで上がり日本を上回った。
2　1215年の第4回ラテラノ公会議でローマ教会がそれまで禁止していた利子（当時はリスク性資本の報酬も利子に含まれていた）を公認したときが資本主義の始まりとした。
3　ジャンマリ・ゲーノはこの文章の直後に「一時は第三のローマを自称しながらあえなく崩壊したソビエト帝国の焼け跡に、堅固でありながらもろい、いにしえの帝国が復活する」という。その一方で「ヨーロッパ連邦主義者は〔…〕「ヨーロッパ・ナショナリズム」を想定し計画を立てている、という点で間違っている」として、ヨーロッパ統合は失敗すると述べている。
4　詳細はブルの『国際社会論』（岩波書店）を参照のこと。
5　「一六四〇年までにオリバーレスは、軍隊の統合こそが大スペイン王国の存続を可能ならしめる最善の、そしておそらく唯一の頼みの綱であると考えるようになっていた」（J・H・エリオット『スペイン帝国の興亡』）。中世は領土がすべてであるとの考えが中心で、近代における成長がすべてと相通ずる。
6　1630年代にガリレオとデカルトによってもたらされた革命のことを指す。詳細はバターフィールド『近代科学の誕生』を参照のこと。
7　世界銀行は、2005年の購買力平価に基づいて、国際貧困ラインを1日1・25ドルとしている。
8　1999年にサハラ砂漠以南の絶対的貧困者は3億7700万人だったが、最新の2010年データによると、4億1400万人へと3700万人も増加している。
9　寛容は16世紀がエラスムスの時代だったことを参考にした。寛容を否定して17世紀はデカルトの「合理性革命」の時代となった。
10　都市への人口流入が続いた場合、523の市町村（全体の29・1%に相当）が消滅すると試算している。
11　2015年5月1日の日経平均株価の配当利回りは1・34%。
12　ジャック・アタリによれば、「株という言葉は、オランダ語の債券からきたもの」（『所有の歴史』）である。

13　売上高８４７・８兆円のうち、雇用者報酬（人件費）は２０９・３兆円で24・７％。企業利潤（営業余剰）は92・３兆円（10・９％）。数字は２０１３年度内閣府「国民経済計算確報」による。

14　詳細は『嘘と貪欲』（大黒俊二、名古屋大学出版会）参照のこと。

原油価格1バレル＝30ドル割れの教え

1　原油価格、1バレル30ドル割れの意味

２０１６年のマーケットは原油価格と株価の急落で始まり、波乱の幕開けとなった。ＷＴＩ先物原油価格は、1月17日のＮＹ市場（時間外取引）で一時28・３６ドル／バレルまで下落した。日経平均株価の年明けから6営業日連続下落は、１９４９年に東京証券取引所が再開して以降初めてである。[1] 株価の下落は日本だけに止まらない。

上海総合指数や日経平均株価は今年に入って昨年の最安値を下回るなど、事態は昨年8月に米利上げ懸念で上海総合株価指数の大幅下落に端を発した世界的な株価下落（チャイナショック）時以上に深刻となりつつある[2]（図9）。原油価格と株価の急落と反比例するように先進国の国債が値上がりしている（利回りの低下）。利上げを実施した米国では10

年国債利回りが低下し、ゼロ金利解除が失敗だったとの声も出始める始末である。[3]米利上げ当日の２０１５年12月16日、２・２９６％だった米10年国債利回りは２０１６年１月15日には一時２・０％を下回り（終値は２・０３％）、日本の10年国債利回りは１月14日に一時０・１９０％まで低下し過去最低を更新した。[4]

　こうした世界的な株価急落、国債価格上昇は原油価格の急落とその原因において同根である。原油価格はリーマン・ショック後の値上がり過程で２０１１年３月に１バレル＝１００ドルを超えて以来、２０１４年７月は１００ドル前後の高値で推移していた。ところが、その後サウジを中心としたＯＰＥＣが減産しないことなどを背景に急落した。それで

	2015年夏の チャイナショック			米ゼロ金利解除から 2016年現在まで		
上海総合	高値	8月17日	3993.668	2015年	12月22日	3651.767
指数	安値	8月26日	2927.288	2016年	1月15日	2900.97
	下落率％		-26.7			-20.6
	高値	8月10日	20808.69	2015年	12月1日	20012.4
日経平均	安値	9月29日	16930.84	2016年	1月17日	16655.05
	下落率％		-18.6			-16.8
	高値	7月16日	18120.25	2015年	12月1日	17888.35
NYダウ	安値	8月25日	15666.44	2016年	1月15日	15988.08
	下落率％		-13.5			-10.6

図9 2015年のチャイナショックと2015年末の米ゼロ金利解除時の比較

（注）2016年1月17日の数字はザラ場の安値

も中国など新興国が再び成長軌道にのって原油需要が回復するとの期待があり、その前提のもと２０１６年は供給過剰が解消に向かい、ＩＥＡは年後半には需給が均衡すると予想していた。しかし、米ゼロ金利解除で資本が新興国から米国へ還流し、新興国は通貨安防止の利上げを余儀なくされ、景気減速に追い込まれている。[5]

２０１５年８月11日から13日にかけて、これまで新興国の牽引車であった中国が人民元[6]切り下げを突如実施した。おりしも７月の輸出が８％強落ち込むなど中国経済が予想以上に悪いとの見方が台頭した。

もともと、巨大な過剰生産力を抱える中国は人民元安によって輸出主導による景気回復を図るとの思惑が強まった。この切り下げで中国の景気減速に歯止めがかかったわけでないことを裏づけたのが、２０１５年年間の中国貿易統計だった（２０１６年１月13日公表）。２０１５年の貿易総額（輸出と輸入の合計金額）は、６年ぶりに減少となり、減少率は８％減で、リーマン・ショック以来の減少となった。とりわけ、内需の不振を反映して輸入は14・１％の大幅減だった。

原油価格が２００３年11月の水準に戻ったということは大きな意味を持つ。21世紀はＢＲＩＣｓを中心とした新興国の時代だと、ゴールドマン・サックスがＢＲＩＣｓレポートを発表したのが２００３年10月だったのである。しかし、１バレル＝30ドル割れで振り出しに戻ったことになる。[7]もともと先進国は低成長、あるいはサマーズ元米財務長官がいう「長期停滞」に陥っているのだから、先進国は新興国経済の成長をいかに取り込むかを課題としてきた。ところが、その前提となる新興国の持続的成長に黄信号がともったことになる。

1バレル＝30ドルはＢＲＩＣｓの時代にとって分水嶺である。ＢＲＩＣｓ時代の幕開けを告げたときの原油価格が30ドルだった。今回、その水準を下回ったのである。第一次石油危機直後の１９７３年10月からＢＲＩＣｓレポートの出る直前２００３年９月までの平均原油価格（21・5ドル／バレル）を中心に上下13・8～29・5ドル[8]の範囲内に収まっていた。上限値である29・5ドルを超えてもそれは一時的で数カ月たつと元の範囲内に収まったし、[9]下限値を下回ったときも同じだった（図10）。ＢＲＩＣｓレポートが出るまでは13・8～29・5ドルへの回帰性があったのである。

しかし、ＢＲＩＣｓレポートが出た後、２０１６年1月になるまで従来の上限値（29・5ドル）以下の価格帯に戻ることはなかった。図10のＡＡ'線で表された価格体系が30年にもわたって続いたのは、豊かとなった先進国の省エネを前提とした原油の需給が均衡していたからである。だから30年間、この価格レンジは上昇傾向を持つことなく、横ばいの範囲内に収まっていたのである。ところが、03年以降ＢＲＩＣｓブームが起こると、一人当たりのエネルギー消費量が先進国と比べて著しく少ない新興国で将来先進国並みのエネルギーを消費することが予想され、一気に価格が4倍にジャンプし、80ドルを中心とした新価格体系（図10のBB'線）へと移行した。

加えて、先進国の過剰貯蓄とリーマン・ショック後の積極的な量的緩和政策で生じた過剰マネーが原油の先高感を醸成した。原油の需給だけで説明できる水準（需給ファンダメンタルズ要因）は1バレル60ドルと推定[10]され、BB'線（80ドル）との差である20ドルが過剰マネーでかさ上げされていることになる。原油需要の価格弾力性[11]が非常に高くなったのは過剰マネーのせいである。だから、新興国の成長が鈍化するとの予想が高まると、原油価格はわずか1年半で100ドル超から

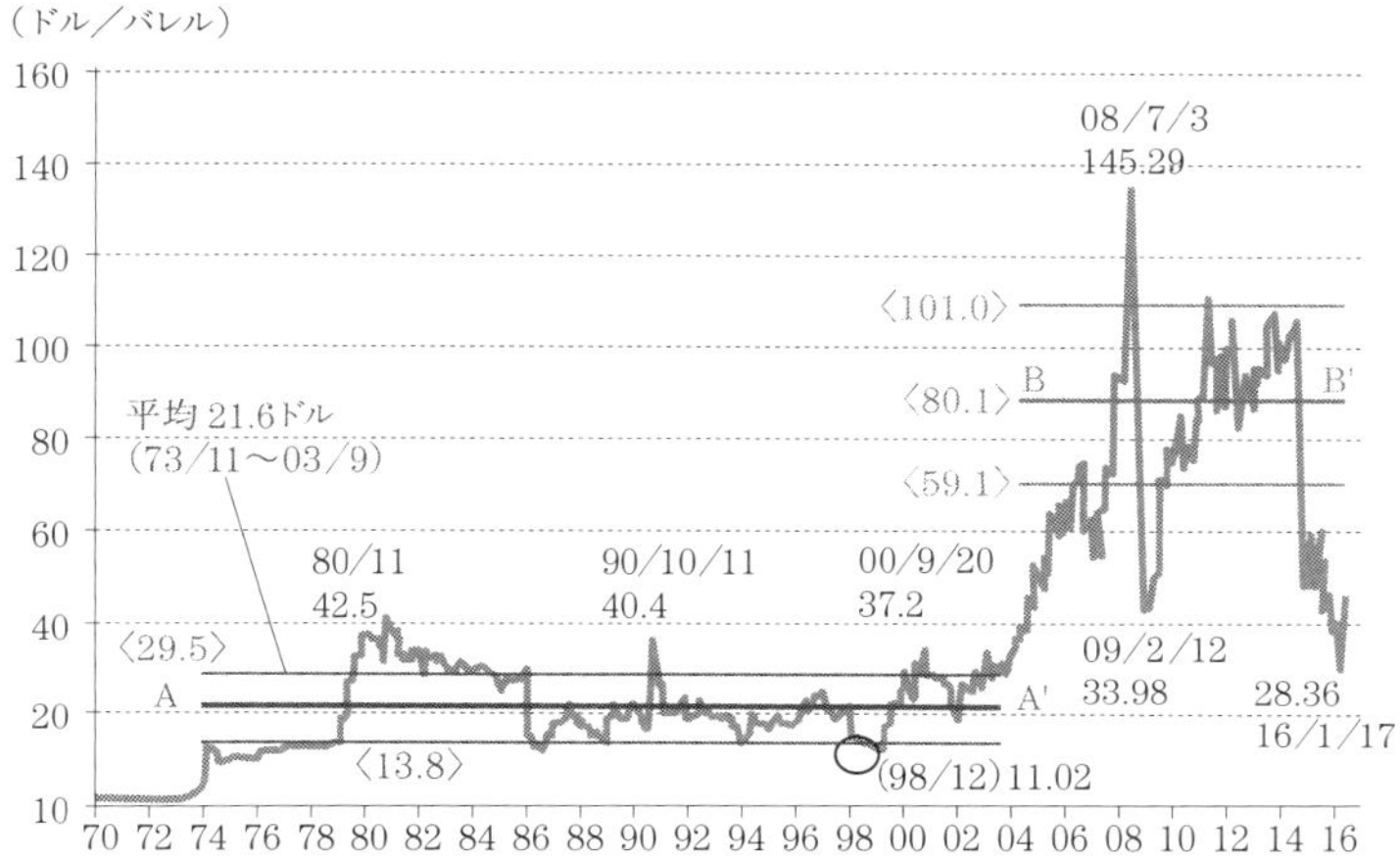

図10 原油価格の推移

(注)1. 83年2月以前は、アラビアン・ライトスポット価格、83年3月以降はWTI先物期近物（月末値）を使用（ただし、90年10月、00年9月は高値、01年11月は安値）。2.〈 〉内の数字は原油価格の平均値(21.5ドル)に±1倍の標準偏差を加えた値

出所：IMF"Commodity Market Monthly"

30ドル割れへと急落する。

2　原油輸入代金7兆円はどこへ

本来、原油価格の急落は日本のように原油など鉱物性燃料を輸入し、工業製品を生産する先進国では付加価値が増加するはずである。付加価値は売上から仕入れ（中間投入）を控除して算出する。原油など鉱物性燃料を仕入れて工業製品を製造し販売する。原油価格が100ドル前後で推移していた2011年から2014年まで日本の鉱物性燃料の輸入額は年平均で25・3兆円だった。2015年になると、18・4兆円となり、エネルギー代（中間投入額）を6・9兆円節約したことになる。[12]

売上高が従来と同じならば、2015年の付加価値は過去4年の平均と比べて約7兆円増加していなければならない。[13] 財務省の「法人企業統計季報」で全規模・全産業（建設業[14]を除く）の付加価値[15]の増加をみると、建設業の付加価値5兆円を16兆円から引くと、11・0兆円[16]増加している（図11）、これは鉱物性燃料の輸入代金節約額の1・5倍に達する。原油価格下落以外に企業はコスト削減をしたからである。

問題なのは付加価値の増加が経済の生産・所得・支出の前向きのメカニズムをもたらすどころか、縮小均衡を招いていることにある。実際、日本の製造業は鉱物性燃料の輸入代金節約以上のコスト削減を実施し、製造原価を5・4兆円減少させている。ところが売上高も減少しているのは、第1に原油価格の下落による交易条件の改善（国内総所得GDIの増加）が家計の実質購買力に結びつかないからであり、第2に中国など新興国の景気減速で先進国企業の輸出減[17]を通じて売上を減少させているからである。

企業は部品などの製造原価を切り詰めたり、人件費を削減したりして、ますますリストラを進めることになる。事実図12は大企業・製造業の売上高製造原価比率が戦後最低水準にまで下がってきていることを示し、図13をみると、大企業は付加価値（営業利益と人件費の合計）が増加しているのにもかかわらず人件費を削減している。

	2011-2014年度（年度平均）	2015年度上期（4月～9月）の2倍	増減額
全規模・全産業			
売上高	1313.1	1335.3	22.2
製造原価	1018.7	1025.0	6.2
付加価値	294.4	310.4	16.0
全規模・非製造業			
売上高	919.7	942.4	22.7
製造原価	701.7	713.3	11.7
付加価値	218.1	229.1	11.0
全規模・非製造業（除く建設業）			
売上高	818.1	826.3	8.2
製造原価	617.0	619.2	2.2
付加価値	201.1	207.1	6.0
全規模・製造業			
売上高	393.4	392.9	-0.5
製造原価	317.1	311.6	-5.4
付加価値	76.3	81.3	5.0

図11 産業別付加価値の増減（単位：兆円）

（注）この表での付加価値は売上高等から製造原価を控除して求めた。

出所：財務省「法人企業統計季報」

図12 大企業・製造業の売上高売上原価比率（%）

（注）2015年度上期は「法人企業統計季報」の数字

出所：財務所「法人企業統計年報」

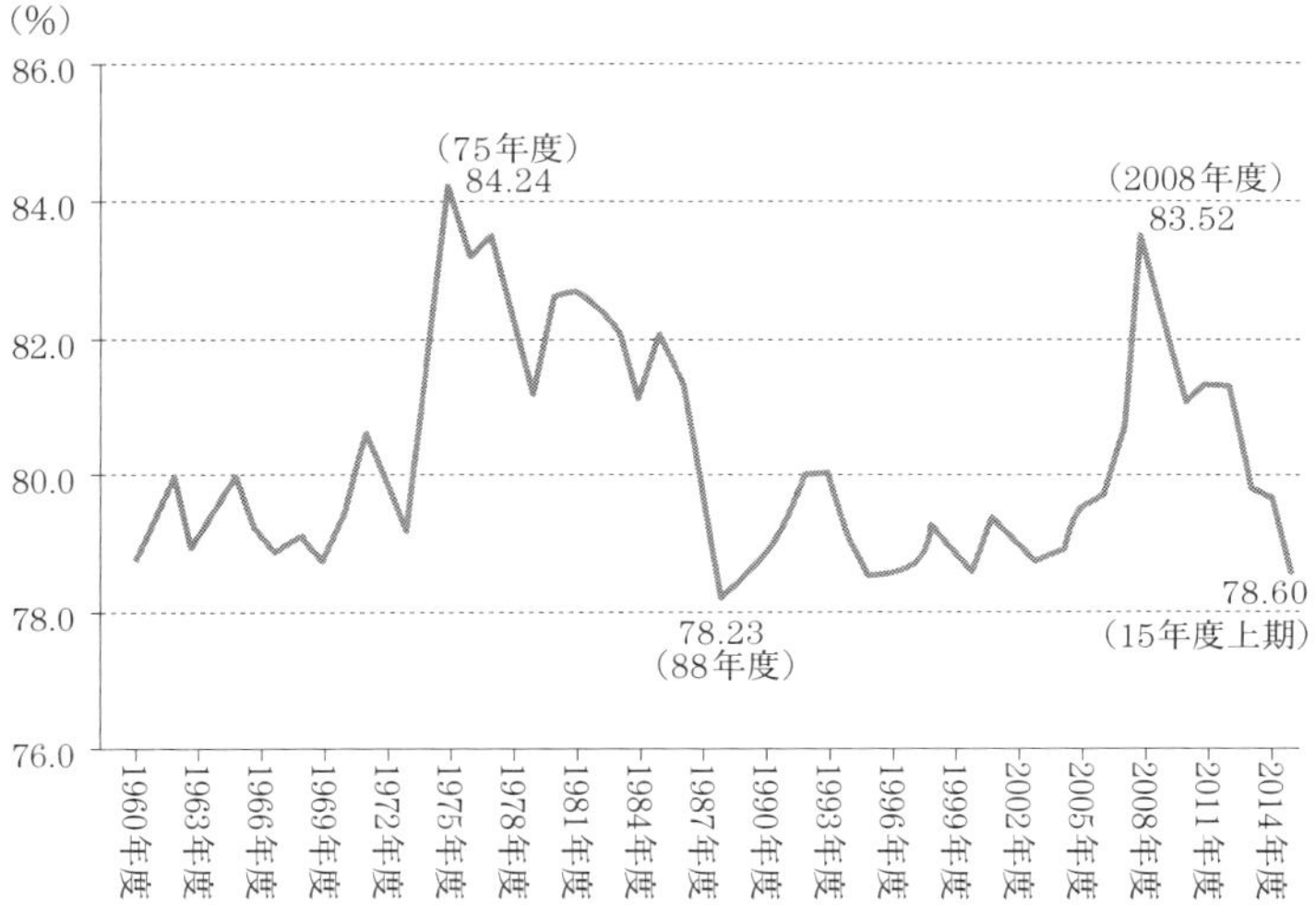

	2011～2013年度のピーク時	2015年度上期（4月～9月）の2倍	増減額
全規模・製造業（ピーク2013年度）			
付加価値	69.8	71.6	1.8
人件費	52.7	52.1	-0.5
営業利益	17.1	19.7	2.6
大企業・製造業（ピーク2013年度）			
付加価値	36.1	37.7	1.7
人件費	24.5	24.2	-0.3
営業利益	11.5	13.6	2.1
中小企業・製造業（ピーク2011年度））			
付加価値	23.1	22.5	-0.4
人件費	20.5	19.2	-1.3
営業利益	2.6	3.4	0.8
全規模・全産業			
付加価値	217.0	232.0	15.6
人件費	164.9	169.2	4.3
営業利益	52.0	63.4	11.4

図13 人件費の減少（単位：兆円）

（注）この表での付加価値は人件費と営業利益の合計で求めた

出所：財務省「法人企業統計季報」

製造原価は基本変動費なので、企業が部品点数の削減・部品の納入価格の引き下げを要請しない限り対売上高比でみれば、ある一定の値をとるはずである。１９７５年度から88年度にいたる過程では企業は省エネと合理化で製品１単位のエネルギー消費量を引き下げたのに対して２００８年度から２０１５年度にかけては、大企業が中小企業に部品の値引きを迫った可能性が高い。75～88年度にかけては、日本の鉱物性燃料の輸入代金と売上高変動費比率は歩調を合わせていたのに対して、08～15年度にかけてのこの比率の低下は鉱物性燃料の輸入減だけでは説明がつかないからである。

一方、中小企業・製造業の売上高変動費比率をみると、75～88年度においては大企業・製造業に追随して低下したが、今回は大企業ほど顕著に低下しておらず、２０１２年度から現在にかけて横ばい（80％弱）で推移している。部品を製造する中小企業は大企業以上に人件費削減で対処せざるをえない。人件費を削減しているのは中小企業・製造業のみならず、大企業・製造業も同じである。

結局、原油価格急落は先進国にとって交易条件を改善させ、計算上の付加価値は増加するものの、製造業の売上減[18]によって人件費削減が行われるため家計の所得は増えるどころか、減少している。図13に戻ると、とりわけ、中小企業・製造業の人件費削減額が目立って大きい（１・３兆円減、６・２％減[19]）。２０１４年夏以降新興国の景気減速を主な背景とした原油価格急落によって明らかになったのは、先進国の内部には成長機会がないということである。ないから、原油価格下落で国内総所得に増加寄与する交易条件の改善を通ずる景気の前向きなメカニズムがまったく作動しないのである。

原油急落の恩恵は企業の内部留保と配当増を通じて資本家に帰属する。経済産業省によるROE重視の政策がそれに拍車をかけている。[20] 交易条件の改善が成長に結びつくような19～20世紀の構造、すなわち競争を通じた自由貿易が21世紀に成長をもたらすわけでもないし、トリクルダウン理論が期待するように大企業が成長すれば、中小企業の利益も増加し、賃金が増加するということも幻想だったのである。

3　21世紀の資源ブームはいったいなんだったのか

原油価格急落が先進国の成長や株高をもたらさなかったことで、17～20世紀の近代＝成長システムは機能していないことが露呈した。原油は成長の時代にあって、「より速く、より遠くへ」に欠かせない。新興国が近代メカニズムで成長するには資源需要が急増して原油価格高騰の時代が続くはずであるが、約30億人を擁するＢＲＩＣｓが20世紀の先進国がそうであったように多くの中間層を生み出すのは困難だ。

原油価格を米消費者物価で割ったものが実質原油価格である。これは産油国の交易条件であり、原油1単位を輸出して何単位の先進国工業製品を輸入できるか、その比率を表している。原油価格の逆数は先進国の交易条件となる。そこで、米消費者物価と原油価格を1974年10月～03年9月までの平均値を100として指数化すると、同じ財であるにもかかわらず、圧倒的に原油価格の変動が大きい。

図14の（Ⅰ）は原油が政治商品だった時期である。OPECが供給をコントロールすることで資源国の財である原油は米工業製品に比べて割高となった（資源国の交易条件が改善）。（Ⅱ）になると、先進国の省エネの時代となり、原油が割安となった（先進国の交易条件改善）。（Ⅲ）はBRICsの時代（将来の需要増加期待）と金融の時代（過剰マネー

図14 原油価格と米消費者物価（73/10-03/9の平均＝100）
出所：IMF"Commodity Market Monthly"

による原油先物市場への巨額の資金流入）が絡み合って原油価格を100ドル超に押し上げたのだった。

（Ⅲ）の時期においては、需給ファンダメンタルズ要因で説明できる1バレル＝60ドルが新しい価格体系（図10、59・1〜101・0ドル／バレル）の下限（岩盤）となって、過剰マネーが原油価格を40ドル／バレルの範囲で上下変動させていたことになる。[21] 原油価格が2014年夏以降の下落局面で60ドルを下回ったのは、2014年12月であった。この直前10月29日に米連銀は量的緩和策[22]（QE3）を終了したことで「過剰マネーの時代」は終わったのである。

さらに、2015年12月16日に米連銀はゼロ金利を解除[23]してFFレートの誘導目標を0・25〜0・5％とした。2015年8月から米利上げが確実視されるようになって、8月に1バレル＝42・8ドルだった原油価格は急落した。原油価格が新価格体系の下限値である60ドルを割れたのは中国の景気減速（輸出不振）に加えて金融の要因が大きく寄与している。とりわけ、利上げは米国の資金還流をもたらすため、原油市場や新興国にとってみれば、金融の収縮を意味する。

そして、30ドル割れは、BRICsとともに見ていた夢が終わって、2050年に向かう道筋が消滅した[24]ことを意味する。先進国は国内で成長機会がないので夢を見る相手としてＢＲＩＣｓをパートナーに選んだのだから、ＢＲＩＣｓの夢が終わったのであれば世界全体の成長が終わったということにほかならない。

20世紀は「モータリゼーションの時代」であるから、原油価格と米消費者物価を1901〜1910年[25]を100として指数化すると、図14が少し修正される。すなわち、図14の（Ⅱ）の日本を中心とする省エネの時代は原油価格が先進国にとって割安であったが、図15では省エネで原油価格が下がったものの、長期の均衡値に到達したにすぎないのである。

さらに、図15は重要な点を示唆している。第二次世界大戦後の日独伊を中心とした高度成長は原油の割安な時期で起きたことであ

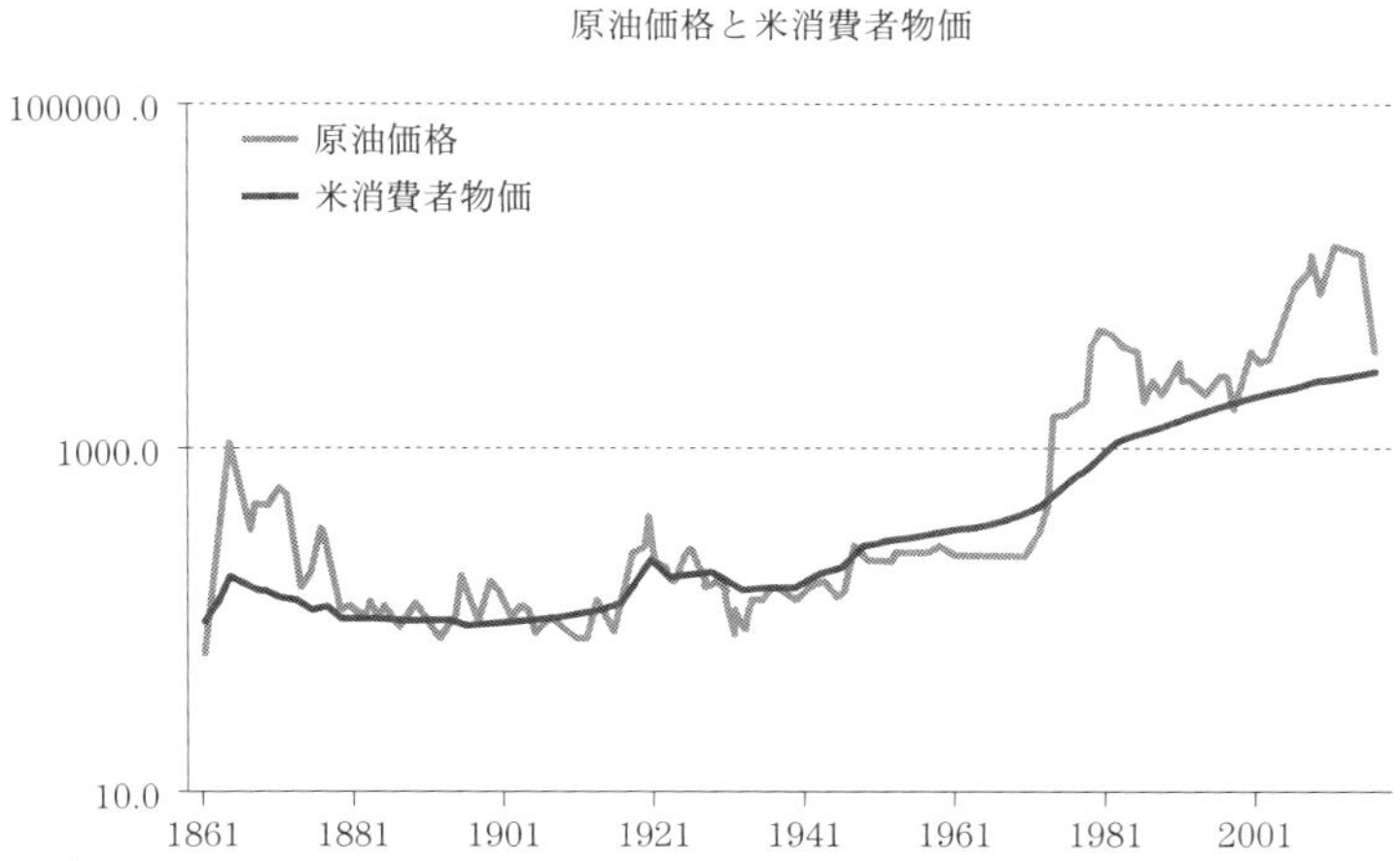

図15 長期の石油価格の均衡値（1901-1910年＝100）

（注）1861-1944年まで米国原油価格、45-83年までアラビアンライトスポット価格、1984-2015年までブレント価格

出所：BP Statisitical Review of World Energy June 2015

る。工業製品を輸出して成長する国にとって仕入れにあたる資源価格が割安であるということは成長（付加価値の増加）にとって決定的に有利だったのである。ところが、ＢＲＩＣｓの時代は同時に市場の自由化と金融の自由化の時代であるから、金融商品化した原油はつねに割高となる。割高な資源を用いての近代化はそもそも成功しない。高く仕入れて、過剰設備を抱えている中国は操業度を高めるために割安な価格で工業製品を輸出しなければならないからである。

「より速く、より遠くへ」によって成長するメカニズム（近代資本主義）は地球全員が豊かになる仕組みではないことを原油価格30ドル割れが教えてくれたのである。「成長がすべての怪我を治す」（Ｆ・ブローデル）は終わったことを認識しなければならない。

（「原油価格急落と成長幻想：金融の時代と資源ブームの終わり」『ＫＵＭＡＭＯＴＯ地方経済情報』２０１６年2月号）

注

1 年初から2週間（10営業日）のダウ平均の下げ幅は１４３６ドルで同期間として過去最大の下げ幅（日経新聞２０１６年1月16日夕刊）。

2 上海総合株価指数の２０１５年の高値は５１６６・３５（6月12日）から２０１６年1月15日までの下落率

は、43・8％にも達している。グリーンスパン元米ＦＲＢ議長の「短期間で3割下落すれば、バブル崩壊である」との基準からすれば、中国株式市場はバブル崩壊過程にある。

3 昨年末時点では市場は将来2回の利上げ（計0・5％ポイント）を織り込んでいたが、今年1月14日には1回の利上げ織り込みとなった。

4 これまでの過去最低は2015年1月20日の0・195％。

5 25カ国の株式市場で年初来最も下落の大きさワースト5のうち、1位が中国（18・03％）、2位がロシア（13・75％）、4位がブラジル（11・03％）で、ＢＲＩＣｓの下落が顕著である（日経新聞2016年1月18日夕刊）

6 2005年以降、中国人民元は切り上げが趨勢的に続いていた。

7 ＷＴＩ先物価格は2003年10月に30・32ドルだった。

8 73年11月から03年9月までの原油価格の1倍の標準偏差（7・8ドル）を平均値にプラス、マイナスした値。このレンジ内に収まる確率は3分の2。

9 図1にみられるように、ＡＡ'線を平均とする価格帯の上限値（25・5ドル）を上回ったのは3回しかない。最初は第二次石油危機の後の79年8月から84年6月までの約5年間と長期化したが、90年9月から11月までの3カ月、00年6月から11月までの6カ月間と短期間だった。下限値（13・8ドル）を下回ったのは2度しかなく、期間もごく瞬間だった。

10 2009年の『エネルギー白書』（資源エネルギー庁）による。

11 需要が1％変化したとき、価格がα％変化した場合、αを弾力性といいαが大きくなっている。

12 年間平均値は2011年が1バレル95・0ドル、12年が94・1ドル、13年が97・9ドル、14年が93・1ドルだった。それに対して15年は47・3ドルと半値になった。

13 ＧＤＰ統計によって、同じように2011年度から14年度と15年度上期（年率）とを比べると、19・6兆円増加している。
14　建設業を除いたのは、公共投資の影響を除くためである。
15　ここでいう「付加価値」は売上高から製造原価を控除した額で計算したが、人件費と営業利益を足したものと概ね等しい。
16　全規模・非製造業（除く建設業）で6・0兆円、製造業で5・0兆円、11・0兆円。
17　2015年1月の輸出額67・2兆円（季節調整済）をピークに62・8兆円（11月分）へと、およそ4・4兆円減っている。
18　表2において全規模・製造業の売上減は0・5兆円である。企業規模別の内訳では大企業・製造業は売上を5・0兆円減し（率にして2・1％減）、中小企業・製造業は売上高を2・9兆円減した（3・0％減）。
19　大企業・製造業は人件費を0・3兆円削減した（1・4％減）のに対して、中小企業・製造業は1・3兆円削減した（6・2％減）
20　2014年8月6日に経済産業省が公表した「持続的成長への競争力とインセンティブ～企業と投資家の望ましい関係構築～」プロジェクト最終報告書（いわゆる伊藤レポート）は、企業に対してグローバルな投資家との対話では、8％を上回るROEを最低ラインとし、より高い水準を目指すべきとしている。
21　BRICsの時代が続き、原油の実需の需給は短期間で変化しない。
22　QE3が始まったのは。2012年9月。
23　米国のゼロ金利政策が始まったのは2008年9月のリーマン・ショック後の12月だった。
24　2003年10月のBRICsレポートのタイトルは「Dreaming with BRICs: The Path to 2050」であった。
25　T型フォードの生産が始まった1908年をはさむ1910年代を100とした。

日本と世界の過剰資本

1　日本の「過剰」資本

日本における過剰資本（資産）はチェーンストアにあらわれ、世界の過剰資本は粗鋼生産でわかる。

日本チェーンストア協会[1]によれば、2013年の店舗調整後の総販売額は0・7％減となって、1997年以来17年連続で減少している。消費税引き上げ前の駆け込み需要で0・2％増だった1996年を特殊要因だったとすれば、1993年以来21年連続で減少していることになる（図16）。

一方、店舗面積は1977年の調査開始以来増え続けている。総販売額がピークをつけた1996年と比べて店舗面積は1・47倍に増える一方、総販売額は24・6％減少した。その結果、１９９７年には99・３万円だった店舗面積１㎡当たりの販売額は２０１３年には50・８万円[2]へと、この間48・８%減少した。これはデータが存在する１９７７年以降で最も低い。

店舗面積１㎡当たりの販売額は資本（資産）効率を測る指標である。分子の総販売額は売上（アウトプット）であり、売上の一定割合が利益になる。分母の売り場面積は有形固定資産[3]の代理変数であるから、店舗面積１㎡当たりの販売額はアウトプット・インプット比率[4]である。この比率が悪化し続けると、いずれ企業は赤字となって、企業は存続の危機に陥る。この比率の悪化を止めることが経営上の重要課題である。

問題は店舗面積が過大なのか、総販売額が

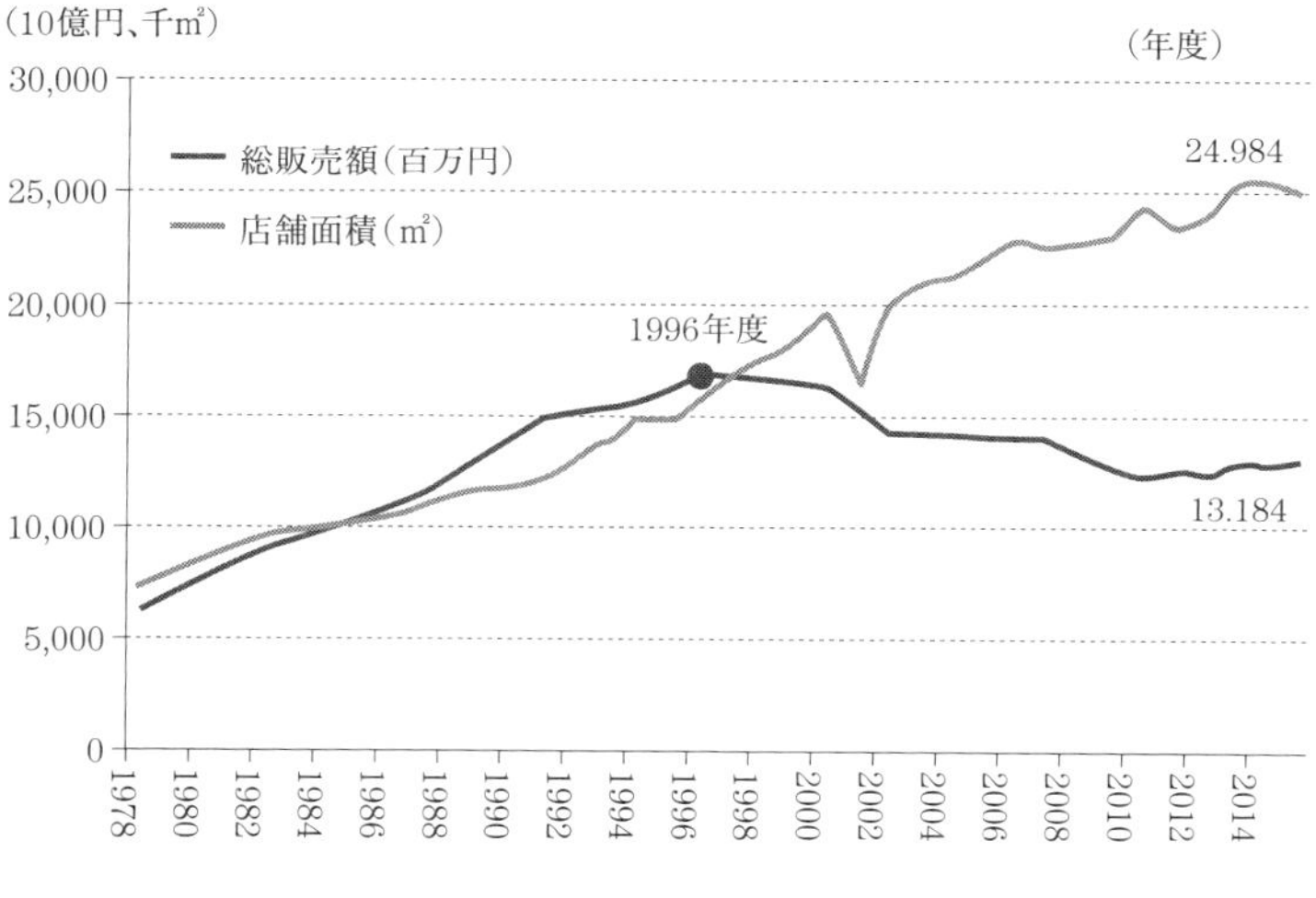

図16　チェーンストアの販売額と店舗面積

出所：日本チェーンストア協会「年度で見る規模推移」「平成27年度チェーンストア販売概況について」

過小なのかである。答えは前者である。１９８２年から１９８９年までのいわゆるバブル期の店舗面積の年平均増加率は３・０％だったのに対して１９９７年以降は２・８％増と、「失われた20年」の増加率はバブル期とほぼ同じなのであるから、明らかに店舗面積が過剰である。

チェーンストアの抱えている「過剰」資産は何も総合スーパー（ＧＭＳ）に限ったことではない。確かにスーパー化したコンビニエンスストア（以下、コンビニ）にスーパーからシフトしているためにコンビニの販売額[5]が増加しているが、そのコンビニにおいて１店舗当たりの売上高[6]が２０１２年１・２％減、２０１３年１・３％減と２年連続で減少している。１９９３年に総合スーパーの店舗面積１㎡当たりの販売額が減少に転じ、その５年後の１９９８年に総販売額が減少に転じたように、経験的に１店舗当たりの売上高は総売上高の動向の先行指標である。[7]

スーパーの総販売額の推移は日本の名目ＧＤＰの概念に近いし、店舗面積は民間企業資本ストック[8]の一構成要素である。小売業の店舗面積が表しているのは小売業の供給力であり、小売業の販売額は消費需要である。いわば、図16で示されている二つの変数は小売業の供給力と需要であり、その比率は需給ギャップにほかならない。それは、日本全体の需給ギャップを象徴している。

スーパーの店舗面積1㎡当たりの販売額の前年比増減率と店舗調整後のそれは同じように変化するし、理論的にも同じ概念である。そこで、小売業の需給ギャップを店舗調整後の総販売額の前年比で代替させ、それと日本経済全体のGDPギャップの関係をみると、強い正の相関関係がある（図17）。小売業の需給ギャップは日本全体のそれである。

小売業の売り場の棚に商品が所狭しと並んでいる状況下で店舗面積が拡大し続けているのだから、製造業の供給力も過剰だということになる。既存店舗の総販売額が減少傾向を続ける一方で、総販売額を増加させるために、新店舗、ないし店舗面積を毎年増やしていくしかないとすれば、店舗数や店舗面積増強策は将来の既存店の不良債権化である。出

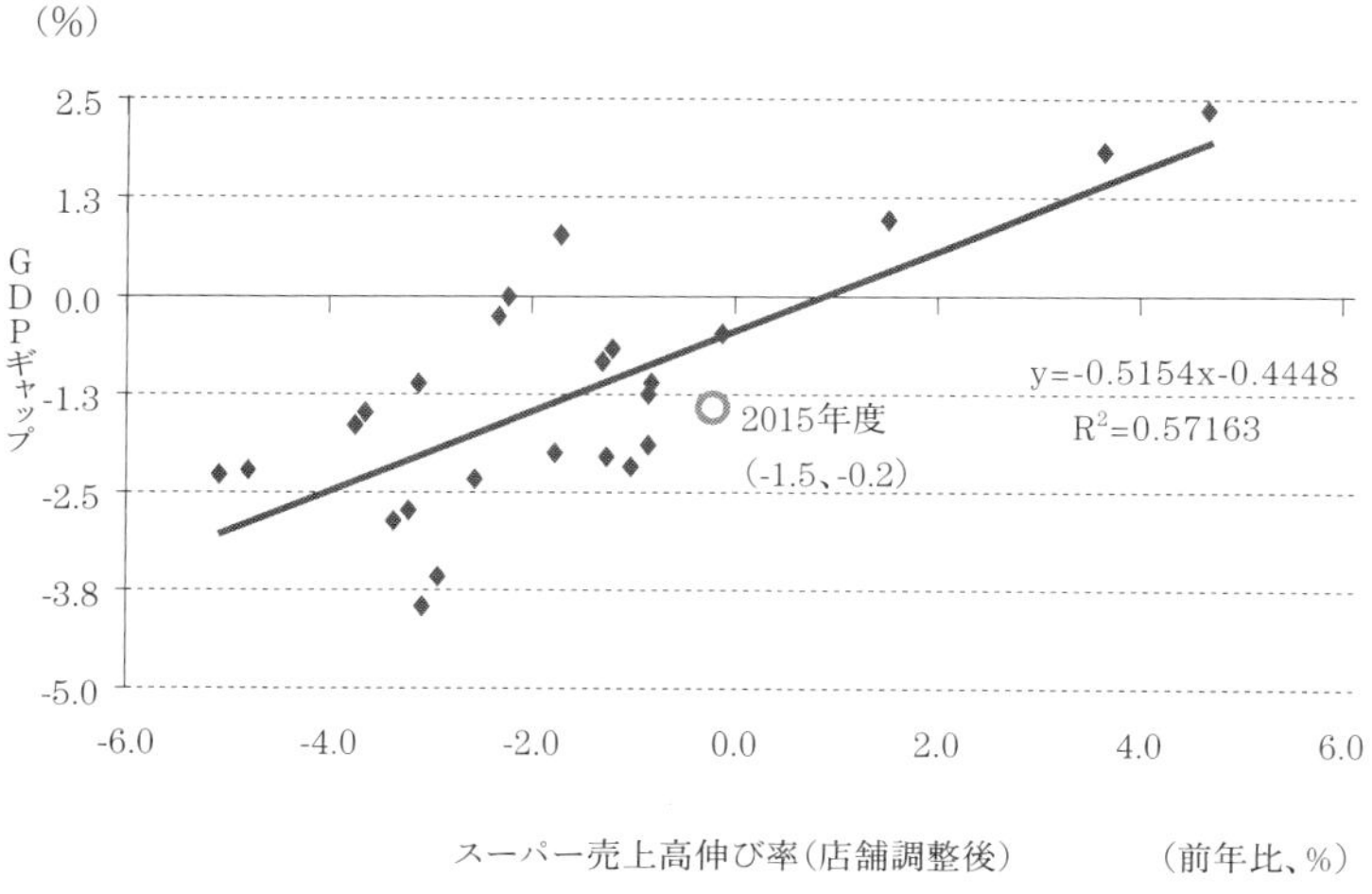

図17 日本のGDPギャップとスーパー店舗調整後売上高の関係

（注）データは1990〜2015年度まで、両変数とも2年移動平均

出所：OECD Database、チェーンストア協会「年度で見る規模推移」

店で総販売額を増やしていくのは個別企業にとって合理的な経営戦略であっても、すべての小売業がそれを実現できるわけではない。

資本係数[9]（＝民間企業資本ストック／実質ＧＤＰ）が上昇している現実をみれば（図18）、小売業の抱える問題は一産業の問題ではなく、日本全体の問題である。資本ストックの逆数である資本の生産性を悪化させながら、設備投資をし続けないと日本は成長できない構造になっている。

資本生産性が悪化し続けると、企業の存続にかかわる問題となる。分子の実質ＧＤＰは実質企業利潤と固定資本減耗と実質雇用者報酬に分配され、経済活動の成果（アウトプット）であり、分母の資本ストックは生産関数[10]にみられるように投入（インプット）であ

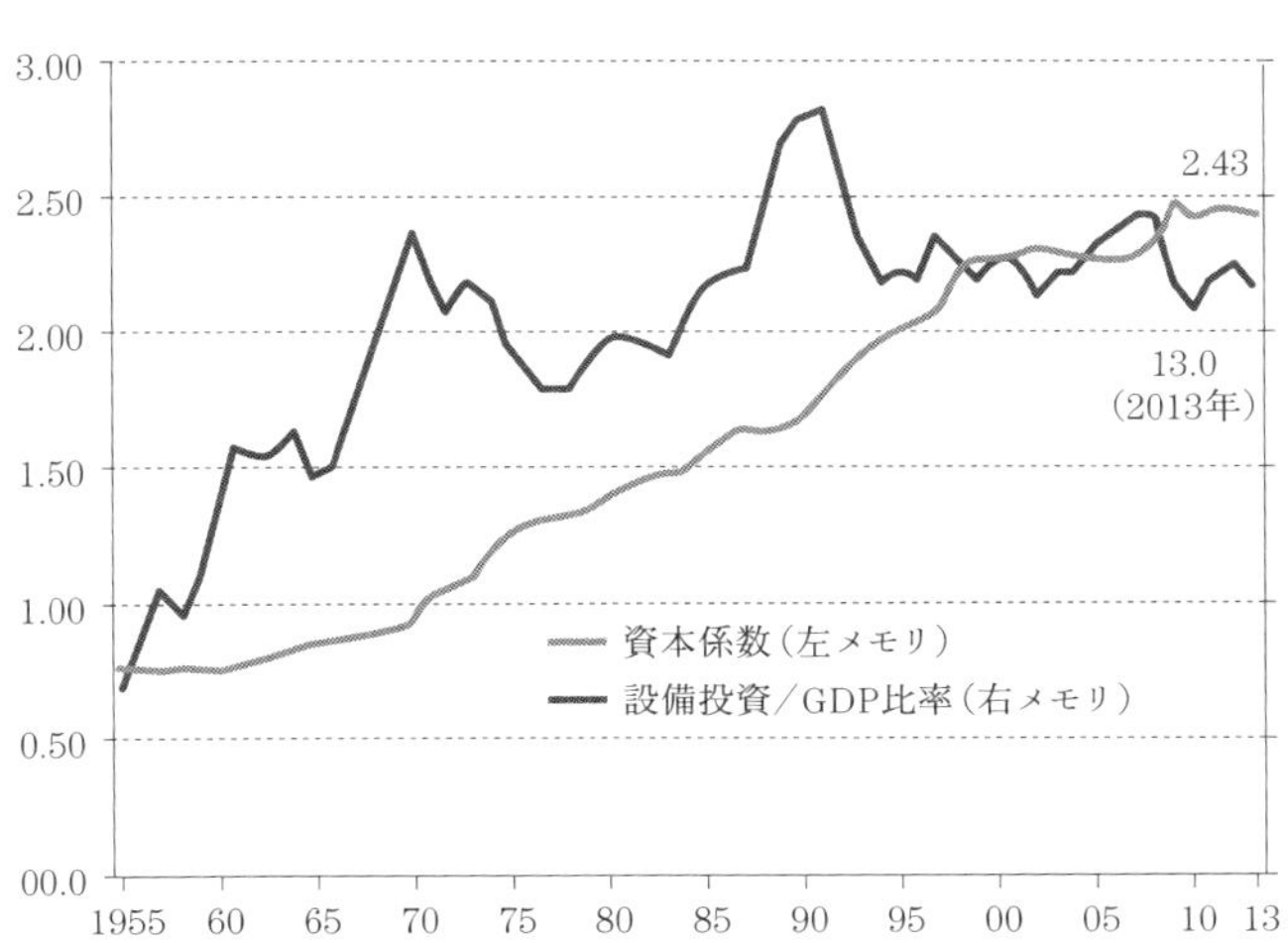

図18 資本係数と設備投資／GDP比率

(注)資本ストック＝民間企業資本ストック／実質GDP、
設備投資／GDP比率は実質ベース(分子、分母とも)

出所：内閣府「国民経済計算」「民間企業資本ストック」

る。インプットの増加テンポがアウトプットの伸びを上回るということにほかならない。

成果であるアウトプットが増加することで、資本係数が低下したり、チェーンストアの店舗面積1㎡当たりの販売額が増加に転じたりすれば、時間が問題を解決してくれることになる。しかし、経済が成熟化し、人口減が予想される状況下[11]では、時間が解決してくれない。

仮に今後も従来と同様なペースで[12]設備投資が行われ、資本ストックの除却率[13]も不変だと仮定（ベースライン予想）して、今後20年先の資本係数を試算すると、２０３３年には２・４５となって、２０１３年の２・４３を若干上回る。すなわち、資本の生産性は低下し続けることになる。

資本の生産性は資本分配率が大幅に変化しなければ、資本の利潤率と正の相関関係を有する。資本の利潤率は国債利回りで代替できるので、資本の生産性と10年国債利回りは正の相関関係がある。日本の歴史的超低金利は資本過剰が原因であって、ベースライン予想の世界が現実化すれば超低金利時代はさらに20年間続くことが予想される。

資本「過剰」は資産の除却などで一気に解消できない。前述のベースライン予想を修正して、仮に除却率を想定の３・４％から２・０％ポイント上げて、５・４％とすると、設備投資／ＧＤＰ比率は13・４％で変わらない（実質ＧＤＰ成長率を低下させないという想定）とすると、２０３３年の資本係数は１・９４まで低下する。この数値は１９８６年の１・９６とほぼ同じとなる。資本の生産性が上昇するのだから、金利が上昇するかといえば、そうはならない。除却率２・０％ポイントは金額にして25・３兆円となる。

全産業の企業利益[14]は48・４兆円（２０１２年度）であるので、通常の除却率を超える除却はその52％に相当する。追加の除却は特別損失になる可能性が高いが、「日本株式会社」が大規模リストラを実施するのは事実上困難である。「日本株式会社」の大量解雇は社会不安を招くことになるからである。日銀の「異次元金融緩和」は金融政策の領分を超えて、もはや社会政策なのである。

過剰は小売業だけではなく至るところに表れている。たとえば、日本の「食品ロス」が２００９年で21％（１・７８８トン）発生した[15]。うちレストランなど事業系廃棄物が９・０％、家計系廃棄物が12・２％である。さらに、このなかで可食部分と考えられる量が５００〜８００トンと農水省は推計している。メーカーに過大な供給力がなければ「食品ロス」は発生しない。過剰はメーカー、流通業、そして住宅産業にも存在する。メーカーと家計が過剰に消費しているから、電力も過剰に消費することになり、電力会社は過剰な電力供給体制を築いてきたのである。

日本の空き屋[16]は２００８年10月時点で７５７万戸にも達し、空き屋率は13・１％（総戸数に占める空き屋の割合）に達する。小売業の店舗面積がバブル期と「失われた20年」とで同じ伸び率で増えていったように、空き屋も人口が増えようと減少しようと需要サイドとは関係なく増えている。１９８３年〜１９８８年に空き屋は19・３％増（５年間の増加率）だったのに対して、１９９３年〜２００８年も同じ19・３％（同）だった。

２　世界の過剰問題とデフレ

「過剰」は日本固有の問題ではない。グローバル規模で過剰が進行している。それを象徴しているのが世界粗鋼生産量である（図19）。ロシア危機以降、ＢＲＩＣｓの台頭が顕著であるが、この間の世界粗鋼生産量は年率４・９％で増加している。[17] この増加率は戦

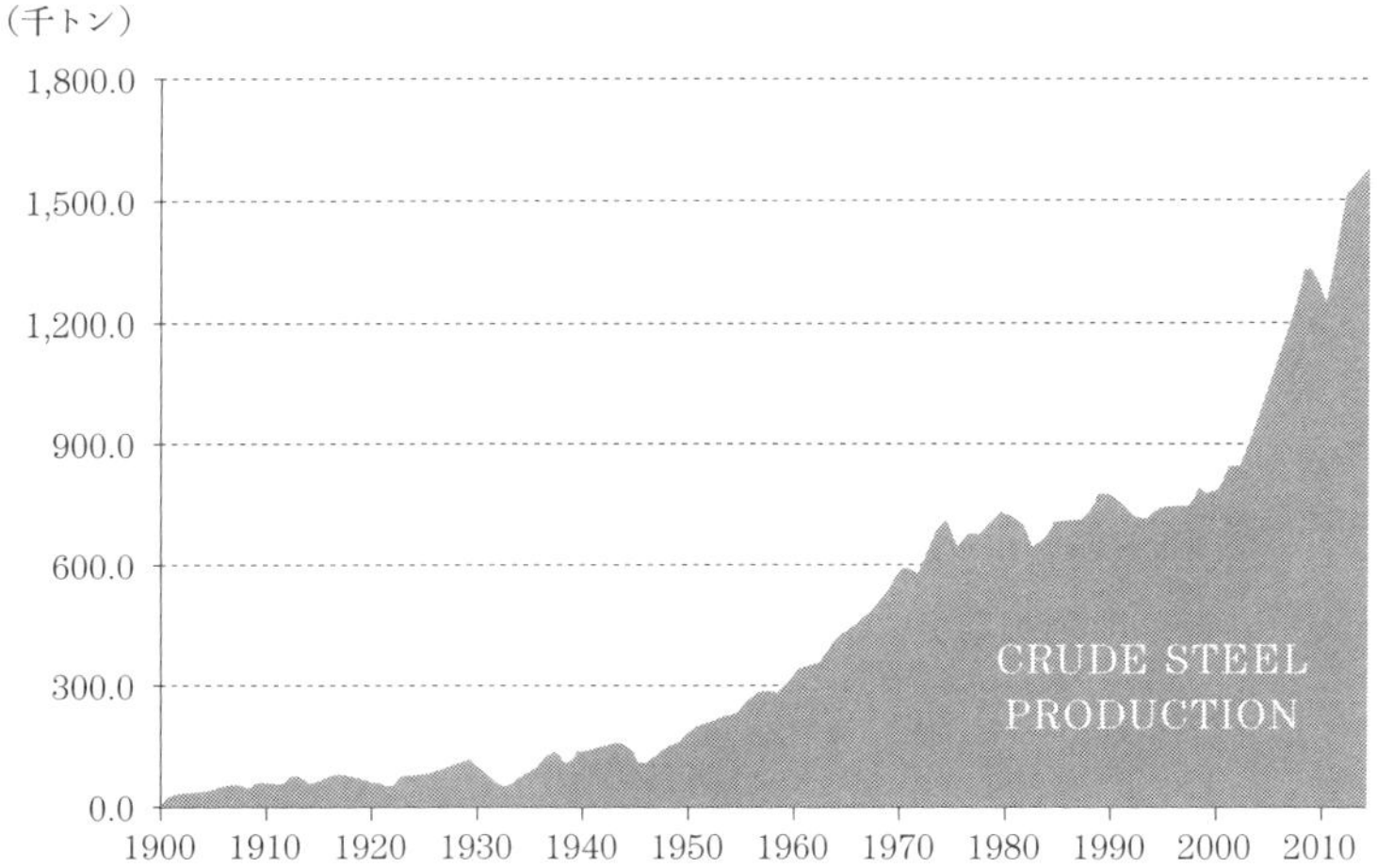

図19 CRUDE STEEL PRODUCTION
出所：World Steel Association "Steel statistical yearbook"

後の資本主義の黄金時代のそれ（年率5・2％増）[18]に匹敵する。

世界粗鋼生産量の増加率は資本主義の黄金時代[19]と今回の新興国の近代化の時代と同じであるが、大きく違う点がある。それは実質GDP成長率である。前者の時期の実質GDP成長率は年4・9％増であったのに対して、後者のそれは同3・4％増である。前者では世界実質GDP成長率と世界粗鋼生産量はおおむね同じ（世界の実質GDP成長率1％増に対して世界粗鋼生産量は1・1倍の増加率が対応＝弾性値1・1）だったが、今回の弾性値は1・4とおおむね3割高くなっている。

近代化には鉄が不可欠である。近代化＝都市化と考えれば、鉄道、高速道路、マンション建設に鉄はなくてはならないし、移動手段としての自動車にも鉄が必要である。粗鋼がインプットで実質GDPがアウトプットである。二つの時期は対象国に違いがあるが近代化という点で共通点があることから、二つの時期の弾性値は同じであるか、後者の時期のほうが小さくなるのが自然である。すでに先進国の粗鋼消費量は第一次石油危機以降、横ばいだからである。[20]

二つの時期の弾性値の違いはマネー経済の規模の大小で説明できる。戦後の資本主義の黄金時代はIMF＝ガット体制でいわば通貨や金融を中心に管理された資本主義体制[21]だったが、新興国の近代化は、21世紀のグローバリゼーション時代における国際資本の完全移動性が実現した新自由主義体制である。それは同時に国際金融・資本市場が巨大化していることにほかならず、先進国の過剰貯蓄が新興国に投資され、その投資には将来期待[22]が織り込まれることになる。だから、粗鋼生産の所得弾性値は高くなるのである。

　国際資本の完全移動性はフェルドシュタイン・ホリオカテスト[23]で確認することができる。もし、国際資本が完全にかつ自由に国境を越えているのであれば、各国の投資率と各国の貯蓄率は無相関となる。逆に自由な移動がない場合には、各国の投資率と各国の貯蓄率は傾きβ_1＝1の正の相関関係を有することになる。

　そこで、実際に国際資本の完全移動性をテストしてみると、「強いドルは国益[24]」政策を

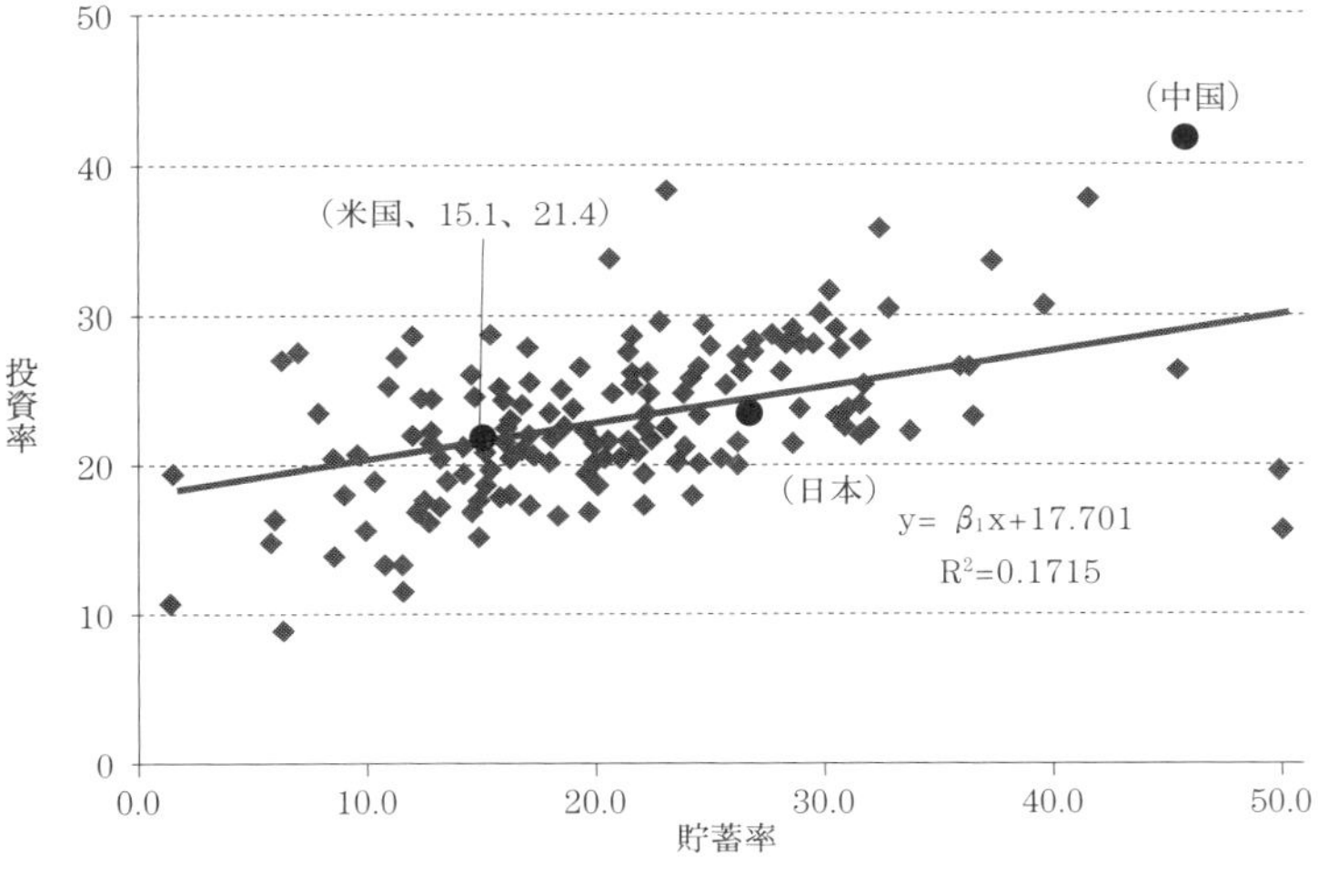

図20 貯蓄と投資の関係（1995年～2012年）（%、対GDP比）

（注）対象国はデータがそろう183カ国

出所：World Bank “World Development Indiator”

米国がとった1995年以降、おおむね国際資本は完全に国境を越えて移動しているとの結果が得られる（図20）。β_1＝0・2571となっており、徐々にゼロに近づいてきている。変動相場制以降の翌年1974年から1994年までにおいては、β_1＝0・75と、国際資本の移動性が認められない値である1・0に近い。

巨大な金融資本が国境を自由に越えて移動することで、生産設備（製鉄所）は将来増加するであろう需要（マンションや自動車など）をはるかに超える勢いで建設されるのである。長い将来を見通せば、インフレであるが、数年先の需要を先取りした生産能力が積み上がって、足下は価格下落圧力がかかることになる。こうした動きは毎年毎年将来にわたって先に移動していくので、近代化がある程度達成されるまで続くことになる。

（「過剰資本と資源高　長期化するデフレと超低金利」『ＫＵＭＡＭＯＴＯ地方経済情報』２０１４年３月号）

参考文献

- 水野和夫（２０１１）『終わりなき危機　君はグローバリゼーションの真実を見たか』日本経済新聞出版社
- Feldstein, Martin/Horioka, Charles（1980）“Domestic Saving and International Capital Flows”, The Economic Jornal, Vol90, Issue358, pp.314-329

注

1　「平成25年暦年のチェーンストアの販売概況について」（２０１４年1月21日公表）

2　日本チェーンストア協会の統計によれば、調査開始時の１９７７年の店舗面積１㎡当たりの販売額は81・０万円だった。

3　有形固定資産のその一部が減価償却費となり、インプットを意味する。

4　いわば、広義の交易条件（＝産出価格／投入比率）と同じ概念である。

5　統計上、日本チェーンストア協会は「販売額」、日本フランチャイズチェーン協会（コンビニエンスストア）は「売上」と表現しているが同じ概念である。

6　コンビニの場合、一店舗当たりの面積は概ね同じだから、コンビニの一店舗当たりの売上高はスーパーの店舗面積１㎡当たりの販売額と同じとみなしてよい。

7　既存店舗の総販売額（売上高）が減少に転じると、企業は総販売額を増やすべく、新店舗を出して、総販売額を増やそうとする。しかし、それも数年ほどたつと（スーパーの場合は5年）、既存店の販売額減少を新店舗の販売で補えなくなる。

8　民間企業資本ストック統計は実質の概念である。

9　２０１３年の資本係数は２・４３であるが、名目ＧＤＰのピークだった１９９７年のそれは２・０９だった。

10　生産関数Ｙ＝Ａ・Ｆ（Ｋ，Ｌ）の右辺にあるＫ（資本ストック）はＬ（労働投入量）とともにインプットである。

11　売上減が一時的でないのは経済産業省の産業構造審議会の流通部会（第6回配布資料、２０１２年7月17日）に次のように示されている。「今後予想される人口減少に伴い、国内の消費需要は確実に影響を受ける見込みであり、たとえば、家計食料消費は２０５０年には２０００年比で約3割の縮小が予測されている」現に食料品を主力として扱っているスーパーの２０１３年売上は２０００年比ですでに21・８％減少している。

12 図表３にみられるように、１９９９年に実質設備投資／ＧＤＰ比率は14・０％を下回った。これ以降２０１３年までの平均値13・４％が今後も続くと想定して計算。

13 資本ストックの除却率は名目ＧＤＰが減少に転じた１９９８年〜２０１３年までの平均値３・４％を使用。

14 財務省「法人企業統計年報」による。

15 農林水産省食品産業環境対策室「食品ロスの現状」（２０１２年10月）による。

16 総務省「住宅・土地統計調査」による。

17 World Steel Associationによれば、１９９８年の世界粗鋼生産量は７・８億ｔで、２０１３年には15・８億ｔとなった。

18 ここでいう資本主義の黄金時代は１９５５年から第一次石油危機直前の１９７３年までとした。この間の世界粗鋼生産量は２・７億トン（１９５５年）から７・０億トン（１９７３年）に増加した。

19 戦後の資本主義の黄金時代とは日独伊の再近代化の時代ともいえる。

20 具体的な数字については、水野和夫（２０１１）、１９７頁の図Ⅲ‐５参照。

21 たとえば、通貨制度はドル＝金本位体制で固定相場だった。

22 50億人の新興国の人が近代化すれば、鉄の需要は大幅に増えるという期待である。

23 各国の投資率を（Ｉ／Ｙ）ｊとし、各国の貯蓄率を（Ｓ／Ｙ）ｊとする。ただし、ｊは日本、米国、ドイツなどの国を示す。国際資本の完全、かつ自由な移動が行われているならば、回帰式（Ｉ／Ｙ）$j=\beta_0+\beta_1$・（Ｓ／Ｙ）ｊにおいて、$\beta_1=0$となる。ある国の投資は自国の貯蓄に左右されず、投資のファイナンスは外貨国からの資本流入に依存していることになる。逆に$\beta_1=1$・０という結果が得られれば、国際資本移動は全く行われていないことになる。この場合、自国の投資は完全に自国の貯蓄に制約されるのである。

24 ルービン米財務長官（当時）が１９９５年に採用した政策で、これによって海外投資家はドル安懸念を抱くことなく、安心して米国債や米株式を購入することが可能となった。

東大物価指数とは何か

総務省の発表によれば、２０１４年９月の消費者物価指数は前年同月比で３％上がっていますが、そのうち２％は消費税増税によるものなので、その分を除けば１％しか上がっていません。日銀が掲げていた２年間で２％の物価上昇には到達できていません。

もっとも、この総務省の統計にしても、本当に実態を反映したものであるかどうか疑わしいところがあります。総務省は測定値を計算する際、たとえば食品については、定期的に同じスーパーに行き同じ品目を調べるというやり方をとっています。その際、特売品は例外として計算対象から除外しています。

しかし、スーパーで働いている人たちに話を聞くと、消費者は毎日同じスーパーに行くのではなく、チラシを見て特売を行っているスーパーを探し、そこに行くそうです。消費者にとってはむしろ特売日こそが通常の姿であって、定価で売られているほうが例外なのです。総務省の杓子定規な計算ではこうした側面が反映されません。

この点については、東大の渡辺努教授たちが発表している「東大日次物価指数」が参考になります。これは、スーパーのＰＯＳシステム（スーパーのレジで商品の販売実績を記録するシステム）に基づき日々の物価指数を計算したものです。こちらの物価指数は２０１４年６月から再びマイナスとなりました。

もちろん、ガソリンや乳製品など、代替品のない一部の物が値上がりしていることは間違いありません。家計にとっては非常に迷惑な話です。日銀が行っている生活意識に関するアンケート調査でも、物価上昇は困ったことだと答えた人が２０１３年６月以降５割を超え、２０１４年９月では63％にも達しました。物価が上昇して困っているからこそ、特売を行っているスーパーに行くわけです。

日銀の専門家たちは、民意に反することを行っても選挙で落ちて辞めさせられるわけではありません。しかし、そうであるならば、それだけ一層国民の声に耳を傾けるべきです。国民の多くが物価上昇は困ったと言っているにも関わらず追加緩和を行うのであれば、国民に納得のいく説明をすべきです。しかし、黒田総裁は何の説明もしていません。

結局、いまの日銀は政府のための日銀であって、政府の金庫番にすぎないということです。今回の金融緩和は、日銀はいったい何のために存在するのか、われわれ国民がそのことを考えるきっかけにすべきです。（「日銀追加緩和でもデフレは脱却できない」『月刊日本』２０１４年12月号）

人口問題とイノベーション

近代＝人口増という観点からみてももはやその特徴は日本ではみられない。総務省の人口統計によれば、1億2808万人（2008年10月）をピークに1億2699万人（2015年2月）に減少している。しかし、人口減は日本特有の現象ではない。国連の人口推計によれば、日本で現在起きていることは、2050年以降、北米とアフリカを除く世界中で起きることになる（図21）。

アフリカを除く世界人口の推移をみる

	2015-2050年（千人）	2050-2100年（千人）	（増減率、年率%）
世界	2,375,676	1,488,169	0.3
先進国	35,071	-9,043	-0.01
ヨーロッパ	-31,649	-1,622	-0.18
（ドイツ）	-6,176	-11,268	-0.33
北米	75,276	67,029	0.29
日本	-19,162	-24,236	-0.51
新興国	2,340,605	1,497,212	0.33
アフリカ	1,291,358	1,909,055	1.15
（サハラ砂漠以南）	1,160,945	1,811,596	1.24
アジア（日本、韓国、シンガポールを除く）	891,338	-340,781	-0.14

図21 世界人口の増減

出所：国連“World Population Prospects: The 2015 Revision”

と（図22）、２０１５年には61・６億人であるが、２０５０年には72・５億人へと増加する。しかし、その後減少に転じ２１００年には68・３億人となる。[1] 年毎にみると、アフリカを除く世界人口が72・８億人でピークをつけるのは２０５８年と予想され、その後は年率０・１５％のペースで減少する。日本が２００８年にピークをつけて以降２０１４年までの人口減少率は０・１３％だった。50年後には世界で現在の日本で起きていることと同じことが起きることになる。50年後には世界デフレ、世界ゼロ成長、世界ゼロ金利が正常な状態となるのである。

　経済成長率は「一人当たり労働生産性増減率」と「人口増加率」の合計からな

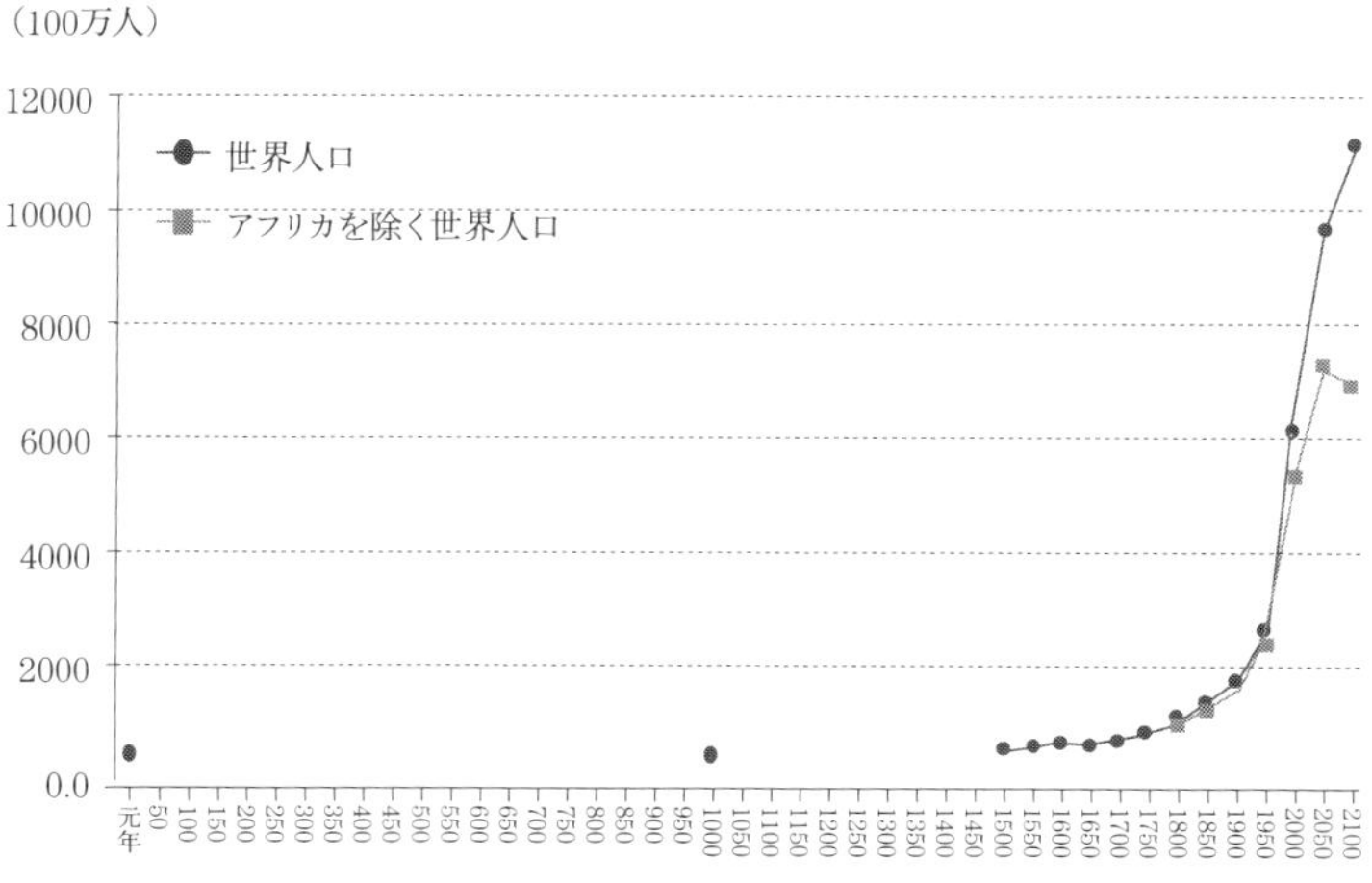

図22 2100年までの世界人口

出所：国立社会保障・人口問題研究所「人口統計資料集（2015）」、表1-9国連“World Population Prospects: The 2015 Revision”

る。21世紀後半以降、アフリカを除く世界人口が減少するのはほぼ確実である。2050年以降の人口減少を説明できるのが「第二の人口転換論」[2]である。従来の人口転換論は、出生率と死亡率が「低水準で均衡し、人口増加率がおおむねゼロになるものと暗黙に仮定している」[3]。しかし、日本や多くのヨーロッパ諸国では人口置換水準を回復できず、この理論では現実を説明できない。

そこで、「第二の人口転換論」が登場した。少子化の進行など「これらの状況は一時的なものではなく、すでに〝構造化〟しており、昔に戻ることはないと主張する」[4]。この「第二の人口転換論」は「20世紀後半以後に起きた脱工業社会、脱物質主義社会の状況のもとにおける価値観の変換である」[5]。すなわち、「家族や子どもに対する考え方が変わり、晩婚、非婚、同棲、婚外出産、離婚というこれまで正常な家族形成の形態から逸脱していると考えられたものが認知され、家族のあり方が根本的に変わった」[6]のである。親子間の対立という近代的価値観も消滅した[7]。

そうであるならば、政府の成長戦略にみられるように経済成長が不可欠であるという立場からすると、成長を実現するには、一人当たり生産性の向上に期待するしかないという結論に達する。一人当たり生産性を向上させるには技術革新ということになる。しかし、この期待は、米スタンフォード大学のチャールズ・I・ジョーンズ教授の分析[8]によれば実現しそうもない。

彼がアメリカの経済成長を分析したところによれば、「1950〜93年の数字をみると、経済成長の約80%は、過去の知識の応用と、教育および研究へのふんだんな投資の組み合わせにより実現していた」ことを明らかにし、そのうえで「新たなアイデアが生み出されるペースがいまの水準にとどまれば、未来の経済成長率が「一%の三分の一」に満たない[9]」という。もし、この見通しがヨーロッパや日本にも同様に該当するならば、2050年以降、日欧はゼロ成長時代が定着することになる。

ジョナサン・ヒューブナーの研究によれば、「人口当たりのイノベーション件数は一八七三年を境に減少に転じている。これは、電気と自動車の時代への移行が始まった時期とほぼ一致する[10]」。そして21世紀は「イノベーション減速の時代が幕を開けたのだ[11]」と指摘する。先のジョーンズも「近年のイノベーションはほとんどの人にとって、生活水準にごくわずかな漸進的改善しか生み出していない[12]」という。

1543年のコペルニクス革命によって、宇宙と地球が無限[13]だとなって、近代が始まった。だから、１８７３年にイノベーションの件数が最高に達してその後20世紀は電気と自動車の時代となった。20世紀はいわば、「過去の遺産を食いつぶしてきた」[14]ことになる。アフリカのグローバリゼーションにまで行き着けば、これ以上「より速く、より遠くに」[15]に行く空間がなくなる。イノベーションが停滞するのは必然である。(「21世紀は「よりゆっくり、より近く」の時代～21世紀の主役は中央・大企業から地方・地域企業へ～」『ＫＵＭＡＭＯＴＯ地方経済情報』２０１５年９月号)

参考文献

・河野稠果（２００７）『人口学への招待』中公新書
・コーエン、タイラー（２０１１）『大停滞』ＮＴＴ出版
・ギデンズ、アンソニー（１９９３）『近代とはいかなる時代か』而立書房

注

１　アフリカを含めた世界の総人口は２０１５年に73・5億人、２０５０年に97・3億人、２１００年には１１２・１億人と推定されている（国連２０１５年）。総人口に占めるアフリカの割合は、１９５０年に9・1％だったが、２０５０年には25・5％、２１００年には39・1％に達すると予

想されている。

2　第一および第二の人口転換論についての詳細な説明は河野稠果（２００７）参照。

3　河野稠果（２００７）１３０頁

4　河野稠果（２００７）１３４頁

5　河野稠果（２００７）１３２‐１３４頁

6　河野稠果（２００７）１３４頁

7　近代的価値観の根本的な変化は親子間にもみられることを見田宗介が指摘している。彼によれば、新人類世代（１９８４年以降生まれ）とその親の団塊ジュニア世代（69〜83年生）の間には世代間の「距離」がほとんどないという（朝日新聞２０１５年５月19日、オピニオン）。

8　タイラー・コーエン（２０１１）39頁

9　コーエン（２０１１）39‐40頁

10　コーエン（２０１１）40‐41頁。41頁の図によれば、人口10億人当たりの年間イノベーション件数は、ピークの20件（19世紀半ば）から21世紀のはじめには６件へと３分の１にまで減少している。この水準は17世紀の水準（６〜８件）と同じである。

11　コーエン（２０１１）41頁。コーエンは、「イノベーションを実現するために多くの資金を投じなくてはならなくなり、投資回収率が悪化している」（41頁）と指摘する。

12　コーエン（２０１１）41頁

13　アレクサンドル・コイレ（１９９９）は、「コペルニクスの世界は有限」（54頁）としながらも、「コペルニクスの世界が中世の世界より拡大された―直径が少なくとも二千倍となった」（54頁）と指摘する。半径が１千倍になったのだから、その２乗が地球の表面積（＝１００万倍）となり、３乗が球体の容積（＝10億倍）となる。中世の人からみれば、地球も宇宙も事実上「無限」となったのである。

14 コーエン（2011）39頁

15 アンソニー・ギデンズ（1993）は、近代の特徴を①変動の速さ、②変動の広がり、そして、③近代的制度の本質の三つを挙げている。

第三章

21世紀の資本論

日本の「21世紀の資本」論
——資本主義と民主主義のたたかい

暗黒の資本史を白日のもとに晒した『21世紀の資本』

ピケティの『21世紀の資本』は暗黒の「資本の歴史」を暴いた点で画期的だ。とりわけ、18世紀以降の富の集中メカニズムを解明し、それが1980年代以降再び集中し始めていることから、文字どおり「21世紀の資本」論である。これまで、長期にわたる所得のデータはある程度整備されてきたが、資本あるいは富に関する長期的なデータがまったく欠けていた。だから、近代になっても資本については「データなき論争」(ピケティ(2014)2頁)[1]が続き、いわば暗黒の時代だったといえる。ピケティが明らかにした資本の実態は衝撃的だ。すなわち、1980年代以降、富の集中と格差の拡大は、フランス革命前の身分社会であるアンシャン・レジームの世界のレベルに戻っていることが分かったのである。近代とは、あるいはその象徴的理念である進歩とはいったいなんだったのか、彼が問いかけるのは西欧史が始まって以来最も難解なテーマなのである。

これまで格差に関する分析は生産された付加価値に占める賃金の割合を指す労働分配率を使って、この比率が長期的に低下（上昇）傾向にあるのかどうか、あるとすればその原因は何かを解明するのが一般的であり、各国横断的にみて富の集中がいったいどれくらい進んでいるのか、あるいは平準化の方向に向かっているかについては想像の世界だった。ピケティの業績が素晴らしいのは、フランス革命以降の主要国の相続申告書などを調べて資本／所得比率を割出したことによって、どの国においても富の集中が進み、どうして資本／所得比率が上昇し、富の集中が起きるのかを明らかにしたことにある。

日本の「失われた20年」が決して日本の特殊性に原因があるのではないことも、『21世紀の資本』を読めば明らかとなる。彼によれば、「どう見ても所得構造と所得格差に関して日本はヨーロッパと同じ「旧世界」の一部だった。20世紀を通じて日本とヨーロッパが似たような変遷を遂げたこともまた興味深い」[2]（335頁）と述べているように、近代化のレールに乗って成長した国は、近代が抱える問題点（そしてそれは同時に資本主義が抱える問題点でもある）を共有しているのである。

日本の金融資産非保有世帯は1990年代になって急増し、2014年時点で30・4%[3]

（二人以上世帯）に達した（図23）。この比率は１９８７年には３・３％だったことからすれば、「驚くべき」急上昇なのだが、ピケティの研究によれば、こうした傾向は世界で起きていることであって、驚くべきことでもなんでもない。むしろ日本の場合「緩やか」な上昇とみえてしまう。もちろん、だからといって日本は他の国よりもましだというのではない。

　ピケティが明らかにしたように、所得格差が広がり、富の集中が起きるメカニズムは近代化のプロセスを辿った国は大なり小なり同じなのである。彼によれば、「どんな時代のどんな社会でも、人口の貧しい下半分（下流階級）[4]は、実質的に何も所有していない」

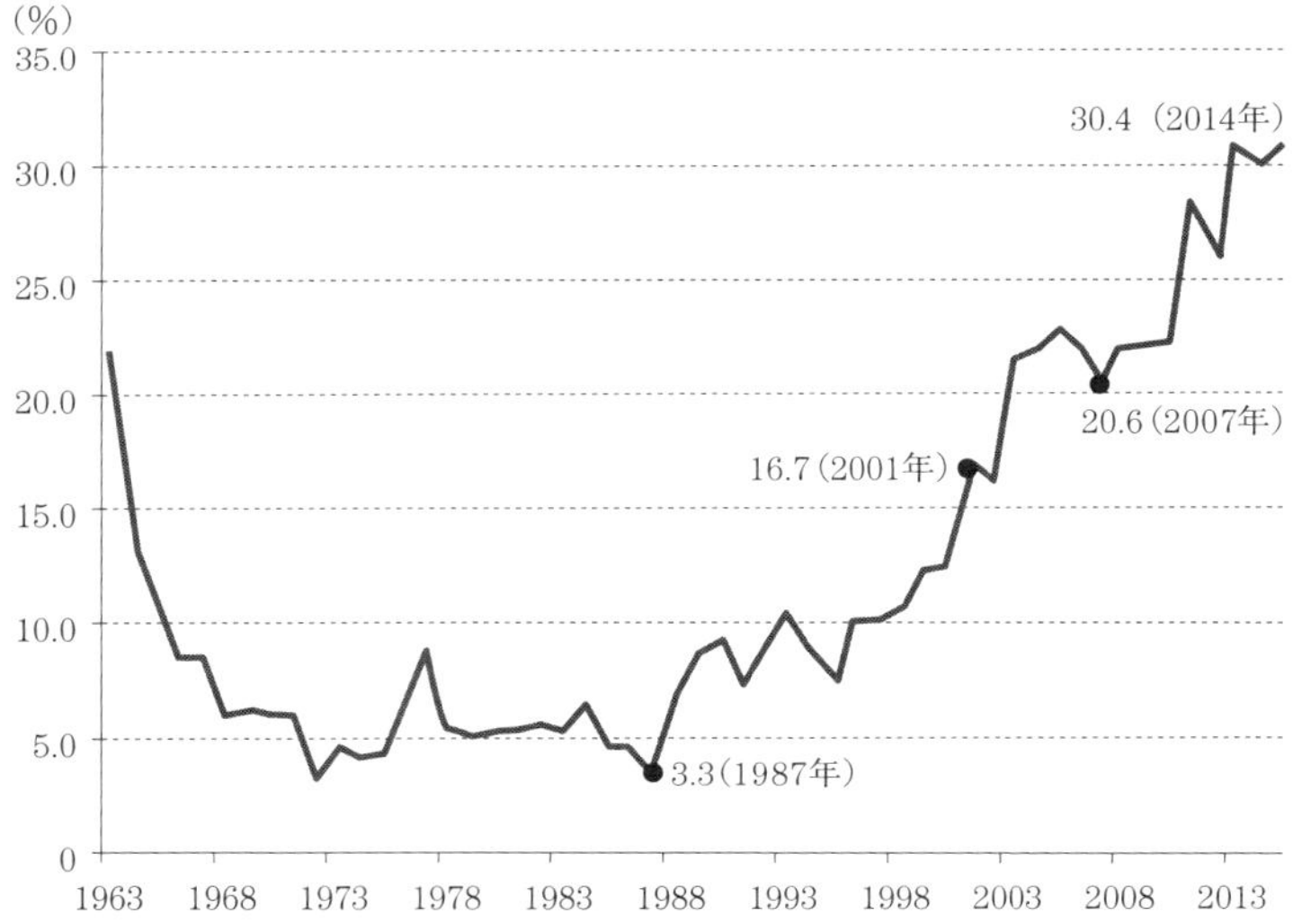

図23　金融資産の有無（保有していない世帯の割合）

（注）金融資産には、預貯金のほか、有価証券、保険、その他金融資産を含む

出所：金融広報中央委員会「家計の金融行動に関する世論調査（平成25年）」

（351頁）なのであって、「19、20世紀を通じて、人口の貧しい半分の純資産は実質的にゼロだった」（357頁）。そうであれば、日本の金融資産非保有世帯はこれからも上昇傾向を辿る可能性が高い。

労働所得の格差拡大

米国をはじめとするアングロサクソンの国（英語圏）の所得格差は、1980年以降、急速に広がってきている。たとえば、所得トップ10％層（上流階級）の国民所得に占める割合[5]は第二次世界大戦の後から1978年までの間、33％前後で安定したが、その後上昇に転じた。2007年には49・7％に達し、これまでの記録だった大恐慌の前年1928年の49・3％を更新した。この所得格差が1980年代以降広がったのは戦間期[6]と違って、「スーパー経営者」[7]の登場に起因する。こうした現象は米国などアングロサクソン諸国だけではなく、およそ10年遅れて「1990年代フランスには驚くべき新現象が現れた。トップ層の給与、特に最大手企業と金融会社の重役に与えられる報酬パッケージが、驚くような高額に達したのだ」（301頁）った。

日本でもその兆候がみられる。東京商工リサーチの調べ[8]によれば、役員報酬1億円以上の人数は2014年3月期に361人（191社）と、2010年3月期の289人（1

66社）から増加している。一人当たりの金額は1・84億円で、2011年3月期から2014年3月期にかけて3・3％増（年率）となり、同期間の一人当たり賃金が年0・3％減だったのと比べれば、格差を広げていることになる。日本のCEOトップ361人と労働者の平均賃金の比較は極端であるが、トップ1％のシェアは日本でも着実に上がっている。[9]米国などアングロサクソン[10]ほどではないにしても、日本の上昇幅は大陸ヨーロッパ諸国の大国であるフランスやドイツを上回っている。

トップ1％への所得集中の上昇ポイント幅はアングロサクソンの国が4％台〜10％台であるのに対して、大陸ヨーロッパ諸国と日本のそれは2〜3％と比較的緩やかである。しかし、とりわけ新自由主義的な経済政策を志向する日本はアングロサクソン諸国並みに所得と富の集中が進む可能性が高い。一つは日本のCEOの報酬がストックオプション導入など業績連動[11]で決まるようになってきているからであり、もう一つは派遣社員の長期雇用を可能とする制度や残業代ゼロの導入などの労働規制緩和が推し進められて、人件費が変動費化し、労働所得からは貯蓄が困難になっているからである。

日本で「空前の格差」実現の可能性

ピケティによれば、「格差拡大をもたらすと懸念される力」（25頁）として①トップ層への所得集中と、②成長（g）が弱くて資本収益率（r）が高いときに起きる富の蓄積と集中とを挙げている。とくに②の「r＞g」という関係がつねに成立するのは「歴史的事実」（368頁）であるという指摘が『21世紀の資本』の核心をなしている。r＞gであるから、必然的に資本は所得以上のスピードで増えるので資本／所得比率は上昇し、相続を通じて富は集中する。

ピケティは、所得格差（①）と資本／所得比率（②）を表す曲線は「U字型」であることを統計的に証明した。従来、公的機関によって資本／所得比率は第二次大戦後か、あるいはせいぜい20世紀のはじめからしか公表されていなかったが、彼は15年の歳月をかけて相続申告の書類などをもとに18世紀から明らかにしたのである。

本来、これら二つの「曲線の根底にある現象はかなりちがったもの」[12]（25頁）である。しかし、「この二つの格差拡大の力が21世紀になって最終的に一体化するという可能性もなくはない」（25頁）という。まさに、それが21世紀の日本で起きているのだ。①の所得の集中についていえば、企業が外国人投資家の要求を受け入れれば[13]、株高圧力を通じて日本のCEO報酬は今後アングロサクソン諸国を見習って上昇する可能性が高い。

同時に株高圧力は②の資本収益率（r）をますます高めることになる。rは「1年にわたる資本からの収益を、その法的な形態（利潤、賃料、配当、利子、ロイヤルティ、キャピタル・ゲイン等々）によらず、その投資された資本の価値に対する比率」（56－57頁）であるから、アベノミクスの第1の矢である異次元金融緩和と相まって株高でキャピタル・ゲインがもたらされ、rは一段と上昇する。

$\alpha = r \times \beta$ はピケティのいう「資本主義の第一基本法則[14]」である、α は「国民所得の中で資本からの所得の占める割合」であり、β は「資本／所得比率」である。ピケティの研究によれば、rは古代から現在にいたるまで「長期的な中央値は4～5％」（369頁）であり、[15]日本の β は上昇し、「国民所得6～7年分に相当する資本ストックを蓄積してきた」（183頁）のである。[16]その理由は「資本主義の第二基本法則」（$\beta = s / g$：sは貯蓄率）の「自然の結果」（183頁）だ。

本来、「「保守革命」が米英を席巻したのは、おそらく他国に追い越されたという感覚がこれらの国にあったから」（346頁）なのに、日本は英米の「保守革命」を1980年代後半の中曽根内閣が見習い、その路線を一層強力に推進したのが小泉内閣だった。バックミラーを見ながら経済政策を実行したつけが、おそらく今後、α（資本からの所得／国民所得比率）の上昇となって表れてくるだろう。ピケティの試算では、「自動的に富は極度の集中し、通常トップ十分位が資本の90％程度、トップ百分位が50％以上を所有するようになる」（379頁）としている。この試算は19世紀のフランスでみられたような資本収益率（5%）と経済成長率（1・0%）を想定している（379頁）。

そうなれば、まさに上記①と②が一体化して「空前の格差」（26頁）が日本で生じることになる。しかし、こうした社会が持続することはありえないとピケティはいう。「富の集中がさらに大きい社会は考えられるか？　たぶん無理だ」（273頁）。なぜなら「たとえば、もしもトップ十分位が毎年総生産の90%を独占（そしてトップ百分位が、富の場合同様に50%を独占）すると、きわめて効果的な抑圧装置でもないかぎり、おそらく革命が起きる」（273頁）からだという。

マイナスに転じた日本の家計貯蓄率と相続・贈与の黄金時代到来

トップ10%が富の90%を占めたのは19世紀の話であって、21世紀の日本はそうならないとは断言できない。g（成長率）とr（資本収益率）の開きが最も大きいのが日本だからである。日本のgはマイナスで、rは企業の増益基調でプラスを維持している。日本の家計貯蓄率は2013年に戦後初めてマイナスとなった。[17]その結果、家計の貯蓄・投資バランスもマイナス（貯蓄不足）に転じたので（図24）、家計部門全体でみれば、もう資産は量的効果（貯蓄を通じて増加）からは増やすことはできず、[18]資産を増やすことのできるのは株や土地など値上がり期待のある資産を有する人だけである。

一方、企業（非金融企業、以下同じ）の貯蓄・投資バランス[19]は今後ますます貯蓄超過に傾く可能性が高い。これまで均衡を保ってきた資本と労働の関係が、グローバル化の進行で圧倒的に資本が優位に立ったからである。[20]企業が貯蓄超過になったということは、企業の純資産が積み上がっていくことを意味する。２０１３年度、企業の貯蓄・投資バランスは金額にして29・３兆円、貯蓄が上回った。一方、家計の貯蓄額は２０１３年度マイナス３・７兆円で、住宅投資を控除した家計の貯蓄・投資バランスはマイナス０・０２％（対ＧＤＰ比）、金額にして７９２億円のマイナスとなった。

企業の貯蓄・投資差額がプラスに転じたのは１９９９年度であり、それ以降２０１３年

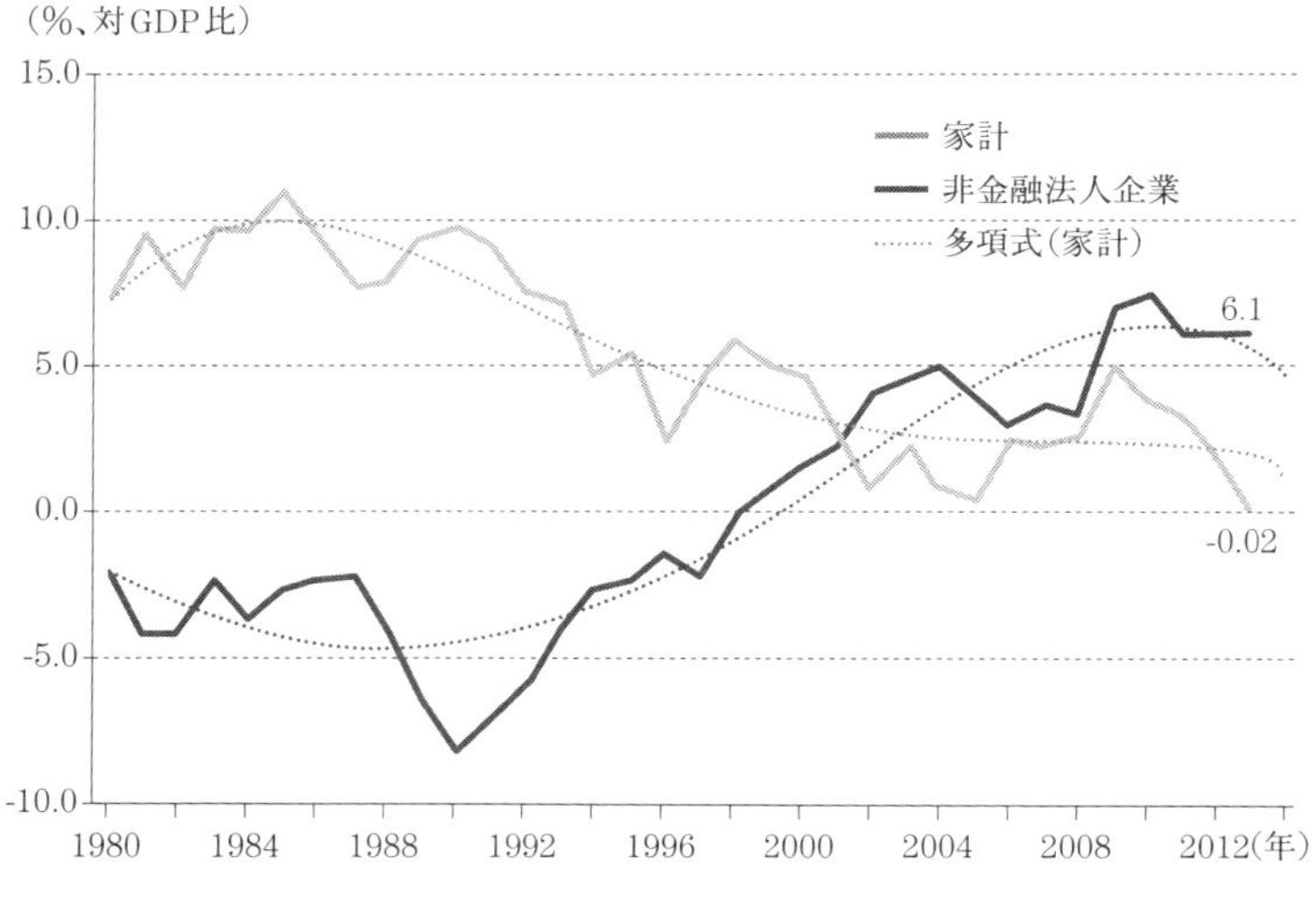

図24 貯蓄・投資バランス（対GDP比）
出所：内閣府「国民経済計算確報」（年報）

度までの貯蓄・投資バランスを累計すると、家計が183・5兆円だったのに対して企業は336・4兆円となった。2013年度以降、日本の家計は全員が資産を増やすことができなくなったにもかかわらず、個人金融資産[21]を増やすことができるのは、年金受け取りのある高齢者世帯か、株を保有する世帯ということになる。

日本の資産は21世紀にはヨーロッパと同じく、相続を通じてでしかもはや増えないのである。「どう考えても21世紀には、相続は昔と同じくらい重要な役割を再び果たすようになるだろう。もっと正確には、次のような結論が得られる。資本収益率が経済成長率よりも大幅かつ永続的に高いなら、(過去に蓄積された財産の)相続が(現時点で蓄積された富である)貯蓄よりも優位を占めるのはほぼ避けがたい」(393頁)。日本は生前贈与を無税で認めるようになった。[22]まさに2013年度の日本の家計はピケティの予想どおり「相続社会」の道を歩み始めたのである。

そうした傾向は日本のみならず、ヨーロッパでも「相続の回復はいまだに終わっておらず、現在も進行中」(396頁)であり、グローバルな傾向で「私たちはいまや、19世紀以上の贈与黄金期に生きているのだ」(408頁)。日本でも主婦に三つの階級[23]ができており、ヨーロッパと同じように身分社会に逆戻りし始めている。一番上の階級に入るには「社長になるもっとも手っ取り早い方法は、社長夫人になること」(小倉千加子(2007)

108頁）だとなって、「結婚の条件」はますます男女間で一致をみず、非婚化と少子化が進む。

近代の「死亡宣告書」と「例外がすべてを証明する」

「極端な格差は、文明のひとつの条件と言ってもかまわない」（431頁）という特徴を有するのが西欧史であり、近代史である。しかし、建前として「民主主義的な近代性というものは、個々の才能や努力に基づいた格差のほうが、その他の格差より正当化できるという信念に基づいている」（252頁）のだから、21世紀が相続と贈与の黄金時代であるなら、近代はすでに1980年代に終わっていることになる。本人の努力や才能とはほとんど関係ない贈与や相続があるかないかで、富の格差が決まってくるようになったからである。

「フランスの場合、所得格差の縮小が1914年から1945年という、きわめて特徴的な時期に大きく集中している」（285頁）のであって、「20世紀に格差を大幅に縮小させたのは、戦争の混沌とそれに伴う経済的、政治的ショックだった。[24]（中略）20世紀に過去を帳消しにし、白紙状態からの社会再始動を可能にしたのは、調和のとれた民主的合理性や経済的合理性ではなく、戦争だった」（285頁）。

この指摘は、『21世紀の資本』で私は最も重要な点だと思う。r>g以上に重要だと確信している。そう考えれば、『21世紀の資本』は「所得と資産の歴史[25]」の書である以上に、西欧史、近代史の「死亡宣告書」だといえるからだ。近代の幕を開けたのはデカルトの合理性革命とコペルニクスに始まった「科学革命[26]」だった。その合理性が形式上成立したのは21世紀の前半だけで（実際には戦争という外的ショックで富の標準化が進んだだけ）、それを除けば近代の大半の時期、合理性や経済的民主主義は否定されてきたのである。

同時にピケティは「近代的成長、あるいは市場経済の本質に、何やら富の格差を将来的に確実に減らし、調和のとれた安定をもたらすような力があると考えるのは幻想」（３９１頁）であり、「制限のない競争によって相続に終止符が打たれ、もっと能力主義的な世界に近づくという考えは、危険な幻想だ」（４４０頁）と指摘する。日本で21世紀のはじめから金科玉条のように叫ばれてきた規制改革を断行できれば成長できるというのは危険な幻想なのだ。

近代の合理性が実現できたのは戦争とその後の一連の政策だったとしたら、カール・シュミットが１９２２年の『政治神学』で述べた「主権者とは、例外状況にかんして決断をくだす者をいう」の指摘が近代の本質を突いている。シュミットは続けて「常態はなにひとつ証明せず、例外がすべてを証明する。例外は通例を裏づけるばかりか、通例はそもそも例外によってのみ生きる。例外においてこそ、現実生活の力が、くり返しとして硬直した習慣的なものの殻を突き破るのである」という。一方、合理主義者は「例外はなにひとつ証明しないのであって、常態こそが科学的関心の対象でありうる」と述べる。

合理主義者の主張が正しければ、戦争が終わった後も格差縮小が続いていなければならないか、少なくとも縮小した水準でその後安定していなければならないが、1980年以降、格差は再びアンシャン・レジーム期に逆戻りである。戦争とその後の一連の政策、それは「例外的状況」だったのであるが、その「例外」が格差を縮小させたのであって、「社会進歩の不可逆性と古い社会秩序の終焉に対する空前の確信」（424頁）は幻想だったのである。

近代以降、「アメリカ革命とフランス革命はどちらも、権利の平等を絶対的な原理として認めた――当時としては進歩的な立場だ」（500頁）ったが、「実際問題としては、19世紀を通じ、こうした革命から生じた政治体制は、主に財産権保護に専念したのだった」（500頁）。近代の政治体制はむしろ「r＞g」というメカニズムを意図的に社会の中に組み込んで固定化してきたのだった。

もし、近代の理念、すなわち個人の能力が相続などに優先する社会を理想とするのであれば、資本主義には「資本／所得比率βの着実な増加、そして国民所得の資本シェアαの着実な増加を妨げる自己修正的メカニズムは存在しない」（２３０頁）のだから、それを実現させるのは民主主義に基づいた政治の役割であるはずだ。古代や中世がそうであったように、近代も理想のシステムではなかったのである。だとすれば、近代とそれを経済面から支える資本主義を終わらせるのが21世紀の課題であるはずだ。

西欧史＝「蒐集」の歴史

資本主義が成長をもたらすというのも幻想である。産業革命以降、１８２０年から一人当たり実質成長率は飛躍的に高まった。産業革命とは動力革命であることから、西側先進国は安価なエネルギーを大量に入手する仕組みをつくったのである。国際石油資本（セブンメジャーズ）はオランダ、イギリス、米国の資本であり、これらの国の価値観に賛同した国が石油を手に入れることができた。

資本主義とは資本の自己増殖プロセスであると定義することができ、資本を効率的に自己増殖させるには「より速く、より遠く、そしてより合理的（科学的）に」行動すればいい。企業はこの原理にしたがって行動すれば、利潤極大化を達成することができたし、経済も成長することができた。エネルギーはこれら三つの行動原理にすべてかかわる。「より速く、より遠く」を実現しようと思えば、エネルギーを大量に消費し、かつ大量に消費しても価格は一定でなければならない。

3番目の原理である「より合理的に」もエネルギーが大きく関係している。経済的側面からいえば、「より合理的に」とは、より少ないインプットでより多くのアウトプットを獲得すること意味するからである。近代化＝工業化であるから、アウトプットである工業製品をつくるには、必ずインプットとしてのエネルギーを必要とする。この合理性を測る尺度が交易条件（＝輸出物価／輸入物価）である。交易条件は1単位の輸出品で何単位の輸入品が購入できるか、その交換比率を意味し、交易条件が改善していれば合理的だということになる。

先進国の交易条件を簡便的に米消費者物価指数／原油価格で代替することができる。米消費者物価（輸出物価の代替）は先進国がつくる工業製品を表しており、先進国が工業製品をつくるのにインプットとして必要なエネルギーは輸入に依存しているので、原油価格を輸入品の代わりに使うことができる。先進国の交易条件は1970年まで趨勢的に改善傾向にあった。しかも過去最低の0・84だった1864年と比較すると1970年には10倍以上に改善したのだった（図25）。

安価なエネルギーが入手できなくなると、一転して低成長に陥ったのは、成長するのに安価なエネルギーが不可欠だったということである。エネルギー需要の飛躍的増大にもかかわらず、１バレル＝２ないし３ドルの時代が１世紀も続くというのはまさに「例外」によってのみ成長は可能だったことになる。２度の石油危機で資源ナショナリズムが台頭して、資源が国際石油資本の管理下から外れると、西側先進国の成長が止まってしまった。

21世紀なって「アフリカのグローバリゼーション」が喧伝されるようになって、いよいよ地球が一つになりかけた後、アフリカの先に「実物投資空間」[27]（水野和夫『資本主義の終焉と歴史の危機』２０１４）はない。もはや蒐集は不可能なのだ。

米証券取引所ではナノ秒（10億分の１秒）単位で取引が行われているように、時間を細かく切り刻むことで「電子・金融空間」を広げ、収益をあげている。この空間の膨張のス

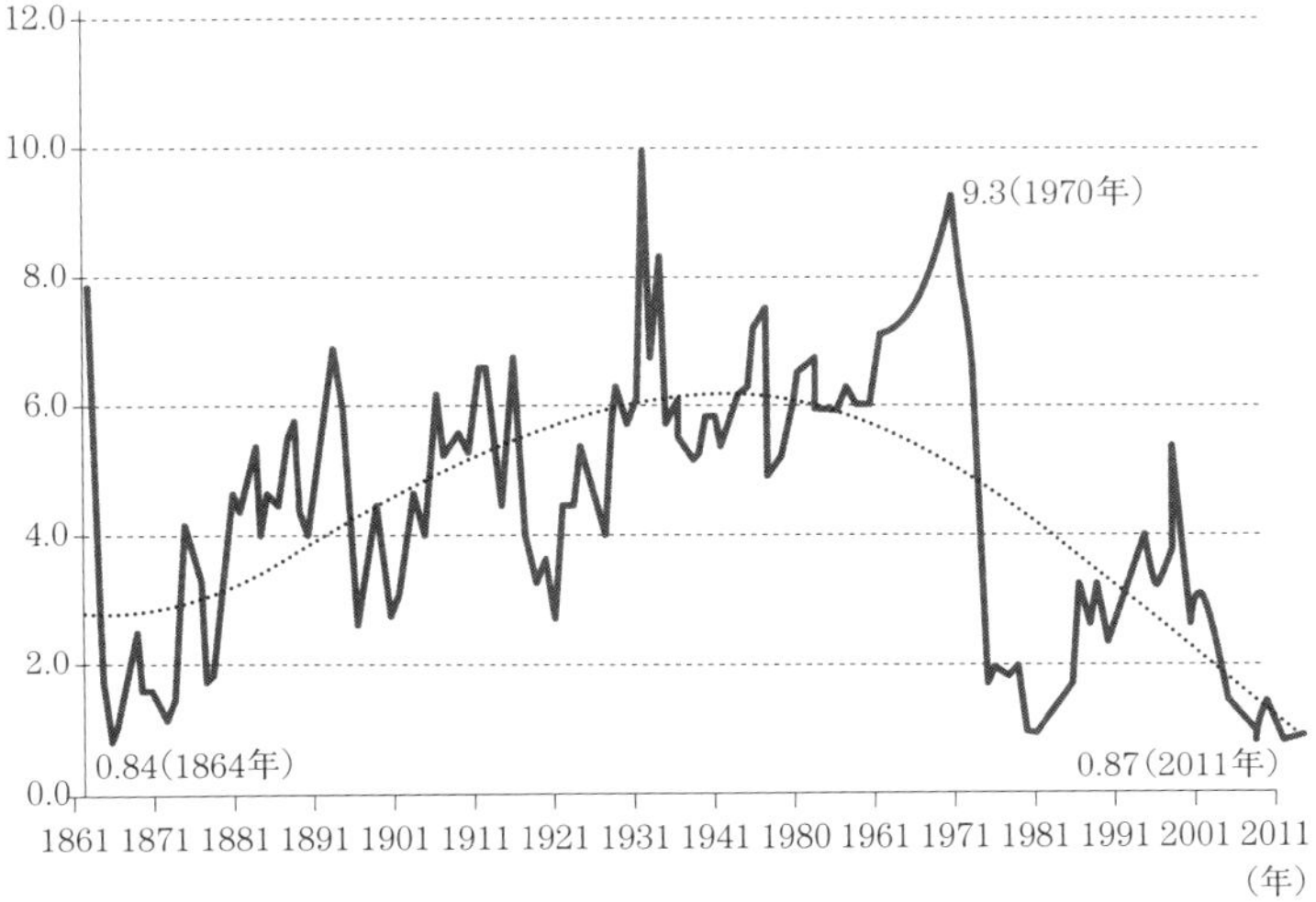

図25 先進国の交易条件

(注)先進国の交易条件＝米消費者物価／原油価格

出所：BP Statistical Review of World Energy June 2014

ピードを測るのは「株価」である。しかし、こうした行為は時価会計を通じて、将来の利益を現在時点で取り込むことになるので、永久に「電子・金融空間」は膨張し続けなければならない。いわば、現在が未来を蝕んでいるのである。

ピケティは「r>g」という不等式はある意味で、過去が未来を蝕む傾向を持つ」(393頁)という。「過去に創出された富は労働を加えなくても、労働に起因する貯蓄可能な富より自動的に急速に増大する。これはどうしても、過去に生み出された格差、ひいては相続に、持続的で過大な重要性を与えがちになる」(393頁)からである。地理的空間はもはや搾取するところがなくなったので、未来が過去からも、そして現在からも搾取されている。

「電子・金融空間」の膨張とは「資本/所得比率」の上昇にほかならない。しかしピケティが指摘するように、「資本/所得比率は無制限に上がり続け、長期的にはそれで資本収益率は低下するというものだ。(中略)原理的にはこのプロセスにも必ず終わりが来るが(外国資産を持つ人々が、地球すべてを所有するようになれば終わりだ)、それにはどう見てもかなりの時間がかかる」(376頁)。時間がかなりかかるとなれば、バブルが発生しては弾けることの繰り返しとなり、X-Y空間で働く雇用者がリストラなどで被害を被る。21世紀は資本主義対民主主義のたたかいとなるだろう。アベノミクスに代表される成長戦略とは、近代の現在の枠内では富の集中を促進することになって、民主主義のなかったアンシャン・レジーム体制へと逆戻りさせようとしている。成長を優先する近代純化路線は、結局富の集中を招来させ、アンシャン・レジーム体制とテロの時代へ国民を道ずれにする戦略なのである。その背後で資本はますます繁栄することになる。21世紀の課題は「蒐集」の歴史を終わらせることである。

小説のなかにみられる「真」の近代人・マルグリット

ピケティの『21世紀の資本』にはバルザックの『ゴリオ爺さん』（1835）が登場する。「パスタ作りと穀物の商取引で一財産を築いた」（121頁）ゴリオ爺さんは、「必ず利息が支払われる永久公債」（121頁）に投資して成功した。そのおかげで二人の娘は良縁をみつけ、パリの上流社会において輝かしい位置を確保した。

「19世紀前半の古典小説では、資本とその5%の地代が等価であることは、当然と見なされていた」（215頁）。だから、ゴリオ爺さんは娘を嫁にだして手元にごくわずかに残った資金で下宿屋を営む。そこに住む地方から法律を学ぶためにパリにやってきた文無しの若き貴族ラスティニャックに、同じ下宿人でいかがわしいヴォートランがこうささやく。「勉強、才能、努力で社会的成功を達成できると考えるのは幻想にすぎない」（249頁）。

バルザックがフランス革命の現実を描いたのに対して、フィスは『椿姫』（１８４８）で現実にはありえない近代人、マルグリットを描く。パリの高級社交会で高級娼婦として名をなす彼女は、やはり貧乏な青年貴族と恋に落ちる。しかし、青年の父親が娘の結婚に差しさわりがあるから、マルグリットに身を引いてくれと頼む。ところが彼女は拒否をする。すると、青年の父親は「噂どおり、あんたはなかなかしたたかで、危険な人だ」という。そこで、彼女は次のようにいう。「危険と申すのは自分にとって危険なので、他人様に危険なのではございません」（鈴木忠志／Blog見たり・聴いたり31、２０１４年３月14日）。

つまり、マルグリットは身分が高く金持ちの貴族から援助を受けて何の不自由もない生活ができるのにそれを捨てて、自分の意思（貧乏青年貴族との愛）に生きようとした人物だった。「自分が危険、これを他人に堂々と言えるのは、自信がある証拠。この危険は摩擦を承知で、自分のこれまでの生き方を変えるということだから、実行するには相当なエネルギーが要る。「椿姫」の主人公は、そのエネルギーが自分の中にあることを発見し、自分に新しく期待を抱いたのである」（鈴木忠志／Blog見たり・聴いたり、２０１４年３月14日）。

相続や結婚によらないで、自らの力で生きていこうとしたのがマルグリットであり、真の近代人を実行しようとすれば、それは現実の世界では実現無理だとフィスは訴えたのであり、現実はアンシャン・レジームの世界だと訴えたのはバルザックだった。鈴木忠志の演出はすべて「世界は病院」であるというテーゼが貫かれている。近代になっても人間やシステムは病んでいるのである。

ここでもシュミットがいうように、「例外がすべてを証明する」のである。真の近代人は小説のなかにしか存在しないのであるならば、フランス革命以降の能力で地位を築くという近代社会は欺瞞なのである。それを是正しようとするのが本来のフランス革命の目的であったはずであるが、努力しようとする姿勢はまったくない。むしろ、現在の政策は身分固定化を強めている。資本主義も富の集中を通じてそれに加担している。だから、資本主義を終わらせなければいけないのである。それができるのは民主主義だけである。民主主義にはできないというのであれば、市場が暴力を振るうことになる。(「日本の「21世紀の資本」論」『atプラス23』2015年2月)

参考文献

・ピケティ、トマ（2014）『21世紀の資本』みすず書房

・小倉千加子（２００７）『結婚の条件』朝日文庫
・野家啓一（２００８）『パラダイムとは何か』講談社学術文庫
・シュミット、カール（１９７１）『政治神学』未來社
・エルスナー、ジョン&カーディナル、ロジャー編（１９９８）『蒐集』研究社
・ソンダク、スーザン（２００１）『火山に恋して』みすず書房
・ブローデル、フェルナン（２００４）『地中海Ⅲ』藤原書店
・水野和夫（２０１４）『資本主義の終焉と歴史の危機』集英社新書

注

1　以下断りのない限り『21世紀の資本』の頁数を指す。
2　ピケティ（２０１４）の図９‐３「大陸ヨーロッパと日本での所得格差１９１０‐２０１０年」（３３０頁）参照。
3　２０１４年の30・４％はこれまで最も高かった２０１３年の31・０％に次いで高い水準である。単身世帯に限ると、２０１４年は38・９％と過去最高水準を更新した（金融広報中央委員会「家計の金融行動に関する世論調査」）。
4　ピケティは以下の区分が最も実態を表しているという理由で、「恣意的」に「上流階級」を総所得（労働と資本所得の合計）の上位10％、「中流階級」を中位40％、「下流階級」を下位50％と呼称している（２５９頁）ことに注意。
5　『21世紀の資本』図８‐５を参照（３０３頁）。この比率はキャピタル・ゲインを含む総所得の数字である。
6　第二次世界大戦以前における所得格差は、資本所得に起因し、相続で財産を継承したいわゆる「不労所得生活者」が多く存在したことによる。

7　ピケティは「スーパー経営者」の天文学的な高額報酬に根拠はないとして否定的である。その根拠は、『21世紀の資本』の「限界生産性という幻想」（３４３‐３４６頁）を参照。彼は個人の限界生産性という概念は「高い所得層を正当化する理由をでっちあげるための、純粋なイデオロギー的構築物に近いものになってしまう」（３４４頁）と主張する。

8　「２０１４年三月期決算　役員報酬１億円以上開示企業１９１社・３６１人で過去最多」（２０１４年７月10日公表）

9　『21世紀の資本』図９‐３を参照（３３０頁）。日本において１９８０年以降でボトムだった１９８３年のトップ１％の所得シェアは６・９％だったが、２０１０年には９・５％へと上昇している。この間のシェアアップは２・６％である。フランスは１９８３年７・０％から２０１０年に８・８％へと１・８％アップした。ドイツは２００４年９・０％から２０１０年に11・８２％へと２・２％アップした。

10　アメリカのトップ１％の所得シェアは、１９７６年がボトムで８・９％だった。２０１０年には19・８％まで高まり、シェアは10・９％アップした。イギリスは１９８７年５・７％から２０１０年14・７％へと、９・０％アップした。カナダは４・７％のアップである（１９７８年７・６％から２０１０年12・３％へ）。

11　東京商工リサーチの調査によれば、２０１４年３月期の３６１人（１億円以上）の役員報酬総額６６４・８億円のうち賞与が１１８・５億円、ストックオプションが50・５億円と、全体の25・４％を占めている。２０１１年３月期の両者合わせたシェアは21・５％だった。

12　「ちがったもの」というのは、所得格差の増大が「おおむね労働所得が一部でかなり高くなり、それが空前の爆発ぶりを示したせい」（26‐27頁）であるのに対し、資本／所得比率の上昇は「大部分が比較的低経済成長のレジームへ戻ったことで説明できる」（28頁）から。

13　米インスティテューショナル・シェアホルダーサービシーズ（ＩＳＳ）が「過去５年間の平均ＲＯＥ（株主資本利益率）が５％を下回る企業に対して、株主総会で経営トップの選任案に反対票を投じることを機関投資家に推奨する」(日経ビジネス、2014年11月10日号)。ISSは株主総会での機関投資家の判断に大きな影響力を持つ議決権行使助言会社。

14 『21世紀の資本』56-60頁を参照。

15 『21世紀の資本』図10-9、369頁を参照。

16 日本の資本/所得比率(β)がヨーロッパと同じ「U字曲線」を描くことは、『21世紀の資本』の202頁を参照。

17 2013年度の家計貯率はマイナス1・3%(内閣府「国民経済計算確報」)。

18 所得の高い人が貯蓄を通じて富を増やすと、他の人がそれ以上に富を減らしていることになる。

19 ここでは、投資=固定資本形成(純)として、在庫投資と土地投資は加味していない。

20 具体的には従来固定費であった人件費が変動費化したので、化石燃料など原材料費(変動費)が上昇しても、利益を減少させることなく、人件費カットで対応できるようになった。

21 2013年度末(2014年3月)の個人金融資産は1624・4兆円で前年度末と比べて45・7兆円増加した。貯蓄による資産増ではなく資産価格の値上がりによるところが大である。

22 30歳未満の孫一人当たり1500万円までの教育資金の一括贈与の場合、非課税となる。

23 小倉千加子(2007)によれば、三つの階級とは「働いて家計費を稼がなければならない二等主婦の上に、働かなくても青山でお洋服を買って消費できる一等主婦がいる。さらにその上に、働くことにお金を消費することが許される特等専業主婦がいるのである」(100頁)。

24 これら一連のショックがどれだけ格差縮小に寄与したかは、『21世紀の資本』の155頁を参照。

25 週刊東洋経済「『21世紀の資本論』が問う、中間層への警告」(2014年7月26日号)の31頁参照。

26 野家啓一『パラダイムとは何か』(2008)によれば、「科学革命」とは「コイレによって提起され、バターフィールドによって歴史学上の概念として定式化された用法であり、一六世紀中葉に始まり一七世紀末に終結した西欧における近代科学の成立とそれに伴う知的変革の過程を意味する」（３１６頁）。

27 「実物投資空間」（リアル空間）と「電子・金融空間」（バーチャル空間）については、水野和夫（２０１４）の図5、33頁を参照。

「近代社会」のあらゆる前提が崩壊するなかで

不可能な「デフレからの脱却」

2000年前後、私は証券会社の調査部というところにいました。証券会社の調査部には二つ系統があって、一つは株式調査部で株価の見通しをするところです。私がいたところは経済調査でした。証券会社が扱っているのは債券ですので、債券の利回りや値段がどうなるかということを調査、予測するところでした。でも、95年からゼロ金利になりましたから、予想することが何もない(笑)。ゼロ金利ですから、これ以上はマイナス金利になることもない。最近はマイナス金利になりましたので、実際には存在するようになりましたが、基本的には95年以降は政策金利は基本的にゼロでした。債券利回りも2%以下で、そんなに変動はしない。景気がよくなっても悪くなってもほとんど変わらない。そうすると仕事がないわけですので、何でゼロ金利になったのだろうということを考えるようになりました。その結論が「資本主義の終焉」になるわけです。

社会学者の大澤真幸さんは１９７０年前後で「理想の時代」が終わり、95年までが「虚構の時代」、その後は「不可能性の時代」だとおっしゃっています。経済も同じように三つにわけられます。70年前後には71年のニクソン・ショック、73年のオイル・ショックを入れていいと思いますが、これが最初の区切りで、「理想の時代」は終わります。経済で言えば、高度成長という「理想の時代」が終わるということでした。

それ以降95年までが「虚構の時代」というふうになります。この時期は経済的には、特に80年代に入ってからは、バブルの時代ということになりました。89年の段階ではアメリカが４つ買えると言われていました。日本の土地を貨幣換算すると２４００兆円か２５００兆円になります。アメリカは６００兆円で買えるから、日本の４分の１を売ってアメリカ全土を買えるということです。89年当時、バブルのなかでそういうことを言われて、私は「へえー」と思ったくらいで、それがおかしいという確信はできていませんでした。弾けてから、やはりそれはおかしいということだった。

95年はどういう時期かと言うと、事実上のゼロ金利になった時期です。日銀の金融政策はどういう理由でゼロ金利にしたかと言うと、過度の物価下落に対して政策金利を下げるというデフレ対応のためです。それまで日銀の金融政策というのは、常にインフレをどうやって抑制するかという対応でした。ところが金融政策がガラッと変わりました。デフレからどうやって脱却するか。以来、いまだにデフレから脱却できていない。しかも２０１３年に黒田総裁が就任されてからは、異次元金融緩和ということで、２年間で消費者物価は２％になるという啖呵を切っている。その２年後というのが２０１５年の４月だったのですが、全然目標は達成できていない。デフレから脱却することが不可能であるにも関わらず「できる、できる」と言ってきた20年であります。

71年のコペルニクス革命＝ニクソン・ショック

いま起きているゼロ金利は71年に出発点があった。その出発点の71年をどういうふうに考えるかというと、それはコペルニクスが地球は動いていると言ったこととほぼ等しいようなことが、経済の世界でも起きたということになると思うんです。地球が動いているというのは、コペルニクス革命のほんの一部でした。宇宙は閉じていると言われているものを、宇宙は事実上の無限だと主張し、その後ガリレオとかニュートンに引き継いで、最終的には宇宙時間も無限だという認識に変わっていきました。コペルニクスは地球を動かしてしまいましたので、どういう影響をもたらしたかと言いますと、神様が作った創造物の連鎖を、コペルニクスが破壊したということに一番の大きな意義があります。天地をひっくり返したというのは、神様が作った創造物のいままでの価値体系を、全部ひっくり返してしまうということになります。

それがなぜ71年のニクソン・ショックに相当するのか。19世紀と20世紀、この200年間というのは、人間の生活は経済だけじゃないと思うのですが、あらゆるものを貨幣で評価する時代になった。神様を追放して人間を中心にしたわけですけども、でも人間を中心にしても、Aさん、BさんからZさんまでいて、自分の言っていることが正しいと、みんなが言い始めたら収拾がつかないわけです。人間を中心にすると言っても、貨幣でその人を評価して、たくさん資産を持っている人、あるいはたくさんの所得を稼いでいる人が実力や能力があって、その人を中心に据えよう。結果、神様を追放したんで、人間を中心に据えたんだけど、70億人を全部中心に据えるとバラバラ状態になるので、あらゆるものを貨幣で評価していくということを19世紀、20世紀に行ないました。

米国の経済が安定していれば、その貨幣の価値は金1オンス＝35ドルで維持できたと思います。35ドルを持っていけば、アメリカの中央銀行は必ず金1オンスと交換してくれる、ということを保証していました。もちろん個人がアメリカの中央銀行に行ってもだめで、日本だったら日銀が代表して35ドルを持っていって、金1オンスと交換してもらう権利を持っているということでした。ですから貨幣で評価して、最終的にはそれは普遍的な価値だという、大きな虚構を一応みんな信じてきた。ブレトン・ウッズ体制で、1ドル＝360円ということを決めて、その後ずっとそれでやってきた。第二次大戦の戦勝国の間での合意でドルの値段を金とリンクさせようとした。

71年の8月15日に、わざわざ日本の敗戦日を選んでニクソン大統領がラジオ演説をしました。確か日本に対しては、その2時間前に金とドルの交換ができなくなったということを一方通告している。ドイツに対しても一方通告でした。経済が中心の時代じゃないときに、ドルの価値を動かすのだったら瑣末なことだったと思うんですが、経済と技術の時代、テクノロジーの時代と言われているときに、貨幣で評価するという仕組みを作ったときに、ドルの価値を一方的に放棄するという信義則違反をアメリカがみずから行ないました。アメリカの経済力が弱くなったので、金とドルの交換を停止した、という事実が本当はあるんですけど、ニクソン大統領は決してそれは言わない。誰の目にもドルは弱い、ドルの経済力は弱くなったということは明らかだったんですけど、ドルは弱くない、円とマルクが実態を反映していない、ということで切り上げをした。ニクソン大統領は国民向けのラジオ演説で、これはドルの切り下げではなくて、将来アメリカを強くするためにドルをいったん安くするということだ、と宣言しました。そういうことで、ニクソン大統領のあとを受け継いでレーガン、クリントンが「強いアメリカ」ということを打ち出している。

付加価値をつくる連鎖の崩壊

どの分野で「強いアメリカ」を目指したかと言うと、金融と軍事産業の分野でした。これからは製造業の時代ではなくて金融の時代だというふうにアメリカは舵を切った。それで金融の自由化を進めて、アメリカを強くするはずだったのですが、途中でレーガノミックスが破綻して、85年にもう一度ドルを切り下げなくてはいけなくなる。1ドル＝240円だったドルを120円まで切り下げるという、「強いアメリカ」を全然実現できなくて、80年代のアメリカはますます弱くなっていきました。アメリカの負担を日本とドイツが背負う、それが80年代でした。それでプラザ合意とか日米構造協議といった一連のいろいろなアメリカからの圧力があって、90年代に入りますと郵政改革のような要求が出てくるようになります。

日本の90年代の「失われた20年」をずっとたどっていくと、その前に80年代の日本のバブルがある。日本のバブルがなぜ起きたのかと言うと、もちろん全部がアメリカのせいだというわけじゃありませんが、アメリカのニクソン・ショックのツケを日本とドイツが背負うことになったからです。いままでの経済の連鎖、付加価値を生み出すという成長経済、その成長の連鎖の前提になっているドルを動かしてしまった。産油国のほうは、アメリカはこんなに力が弱いのだから石油の値段を上げたって、もうセブン・メジャーズの時代じゃないということになった。石油の値段を押えている七つの国際石油資本があったわけですが、そんなのはたいした力はないだろうということになって、石油の国有化、油田の国有化が中東の産油国で始まりました。普遍的であるドルを動かしたら、成長にとって一番大事なエネルギーも変動するというようになりました。コペルニクスが地球を動かしたことによって、神様が作った価値体系を結果として全部破壊してしまった。それと同じことを、71年にニクソン大統領がアメリカを強くするという目的で行なったわけです。しかし、これがまったく意図することとは反対の方向に行ってしまい、最終的には付加価値をつくる連鎖を崩壊させてしまうということになりました。

ゼロ金利＝ゼロ成長

コペルニクスはずっと匿名で地球が動いていると書いていたのですが、もう死にそうだというときに、お弟子さんから「いつまでも匿名で書いている場合じゃありませんよ、ちゃんと実名で書いて発表してください」と言われ、コペルニクスもどうせ死ぬのだから、それでは実名で、ということになった。コペルニクスはポーランドの辺境の地にいましたが、プロテスタントではなくて敬虔なカトリック信者ですから、地球を動かすことによって神様がつくった創造物を全部崩壊する、なんていう魂胆はまったくなかった。しかし、実験すると地球が動いている、と考えない限り世の中は説明できない。ハレー彗星が70年おきに来るとか、そういうのを予想するには地球が動いていると考えないと、すべての説明ができないということでした。1543年のコペルニクスの発表と、1971年のニクソン・ショックは本人の意図とはまったく別の方向に歴史は動いていく、という意味では象徴的な例じゃないかと思います。

工場をつくって設備投資をして、カラーテレビや自動車をつくって、それで利益を上げる、あるいは雇用を増やしていくことで「豊かさ」を実現していくという時代は71年にはその基盤が崩壊していました。「近代」＝成長の時代は終わっています。

しかし、もう71年で終わったのに終わったことにしないということをやっていて、それが95年まで続いた。その間、一応金利がありましたので、まだ何となく利潤は得られた。それが95年になっていよいよゼロ金利になって、これは一時的な危機を回避するための金融政策でした。危機に対応するというのは、せいぜい2、3年、長い不況でも3年、4年ですから、それでゼロ金利を解除しなければいけないわけです。いまは日本だけじゃなくて、ヨーロッパもゼロ金利政策でかつ量的緩和、アメリカは量的緩和を1年くらい前に解除しましたが、いまでもゼロ金利です。そのゼロ金利を、2015年9月に脱しようとしたら中国の株価が下がってしまう、ということが起きました。アメリカはいち早く脱却しようとしたのですが、それができるかどうかちょっと不透明になってきています。

2015年夏に東芝の不正会計が判明しました。新聞は「不正」ではなく「不適切会計」と言っていますが、どう考えても不正だと思います。社長が決算までの3日間で120億円の利益を出せと言うわけですから、そんなことができれば誰も苦労はしない。でも、120億円の利益を3日でつくってしまった。ゼロ金利というのは利益ゼロ、ゼロ成長を意味しています。去年の付加価値が今年の付加価値と同じということです。500兆円経済だったら、今年も500兆円です。それでも利益は対前年比で増やせということになるわけですから、どこかにしわ寄せがいくことになる。不正会計のツケは大胆なリストラとなって働く人が職を失うことになります。ゼロ金利というのは、利益ゼロの世界を示唆しているのです。「利益を出せ」と経営トップが圧力をかけて、それに応えようとすれば「不正」会計に手を染めないとできないことになりました。いわば、「不可能性の時代」となれば、「不可能」を可能にするのは「不正」ということになります。

株主利益の上昇と賃金の下降

1995年というのは、日本の銀行神話が崩壊したことで「虚構の時代」が終わりました。同時に労働に関して重要な報告書が出てきます。いまの経団連の前身である日本経営者団体連盟が「新時代の日本的経営」という報告書を出しています。いまの非正規社員という働き方を正当化するレポートです。それで95年から派遣法を改正していく流れができました。ゼロ成長に入った時期に「新しい働き方」と言って、実際は正規社員を非正規社員に置き換えている。利益を出すためには人件費を削らざるをえない。たとえば、仕入れが増えるというのは、1バレル＝20ドルだったものが100ドルに向うということです。95年から2008年にかけて、売り上げ900兆円の中で仕入れ代金がどんどん増えていくわけです。ところが、売り上げの900兆円は増えない。仕入れだけ上がっていくわけですから、どこかで何かを削らないと利益は増えない。そのとき、さきほどの報告書が出て、「新しい働き方」で半年間は働いて、半年間は遊びたい人にも働く場を提供しましょうというように、働く人にとって選択肢が増えたような提言をしている。でも実際はそういう使い方ではなくて、原油代金が上がった分だけどこかを削らなければいけない、利益を削ると株主が反乱しますので、人件費を削りましょうということになりました。

95年から起きていることは、ゼロ金利、ゼロ成長です。ところが2015年度の企業利益は、リーマン・ショック以来、最高になる見通しです。一方、賃金は97年をピークにして10%下がっています。つまり、株主の利益は上昇トレンド、受け取る賃金は下降トレンドということです。この動きは95年から始まっています。これは近代社会が想定している考え方とはまったく正反対のほうに動いている。近代社会というのは、実力のある人は賃金が上がっていくのは当然だということになっています。そうすると、いまは株主だけが実力があるということになる。それがもし正しいとすれば、働いている人は怠けていると いうことを証明しなければならない。働く人はみな怠けていて、株主がものすごく生産性が高いことを証明すれば、いまでも近代社会ということになります。そんなことはありません。そんな証明ができたらノーベル賞ものだと思います(笑)。

新しい「身分社会」

そうすると、いま起きていることは、近代社会とまったく違う方向にすでに入っていることになります。どういう社会かと言うと、身分社会です。株主という身分が優遇される。昔は第1身分、第2身分というのがあって、教会関係者が第1身分、第2身分が貴族、第3身分はその他ということになっていました。いまは第1分類が株主、2と3はその他大勢ということになるのでしょうか。現政権に限ったことではなくて、21世紀に入ってからの政権は、第1身分である株主を優遇する政策を採っています。ROE(自己資本利益率）という指標があります。株主資本に対して何％の最終利益を稼ぐかという比率で、株主が一番重要視する利益指標です。去年、経済産業省がつくった審議会では、それを８％以上にしろ、というレポートを出しています。それが優良企業だという。優良企業の基準はＲＯＥ８％。いまの日本の企業は７％前後ですから、日本の経営者は８％のお墨付きを貰わなければいけないので、今年度中に史上最高益を達成しても来年、再来年とさらに更新していかなければいけない。

年度末の３月には、まだ売り上げは確定していないけれど、４月には売り上げがあるから、ちょっとそれを先取りして年度末の売り上げに計上して、４月になったらその売り上げを減らす、それくらいのことは普通の会社でもしていると思います。３代の社長が７、８年にわたってずっと利益を先取りしていた。あるいは経費を不当に下げるということをしていた。それで、大問題になっているわけです。たぶん、これはその会社だけの問題ではないと思います。あちこちで起きている、これから起きるかもしれない。利益率８％が優良企業だと言われると、経団連の会合に行って「お宅の会社はまだ５％だ」なんて言われたら、「来年は８％にします」と言わなければならない。それで会社に帰って「利益を出せ」と言うわけです。

それから、２０００年ぐらいから念仏のように唱えている「トリクル・ダウン理論」という、大企業が儲ければ、あるいは実力のある人が高い所得を得れば、底辺にいる人にもおこぼれがありますよ、という理論を出しています。それは全然証明されていない。企業の利益は最高益ですけど、賃金は下がっています。ところが、この傾向をより固定しようという政策がいまだに行なわれている。

政府は一応、経団連に賃上げを要求しており、そのせいもあってか、正社員の賃金は上がっていますが、非正規の社員のほうは減っています。それで比率は非正規社員のほうが高まっているわけですから、全体としての賃金は下がっていくことになります。企業には8%を達成しろという目標を与える一方で、相続については生前贈与を認めピケティのいう「相続の黄金時代」を実現しようとしています。学校に行くお孫さんの学資資金として1000万円を贈与できる。1000万円なんて使えないということを言ったら、500万円に減らすのが普通の考え方だと思うのですが、わかりましたそれでは1500万円にしましょうと言って（笑）、結婚資金もそこに含めていいことになりました。ですから1500万円まで無税で相続することができます。それから消費税を8%から10%に上げるときに、3000万円の住宅資金の贈与の無税、ということも言われているそうです。住宅が落ち込むから、落ち込まないようにお爺ちゃん、お婆ちゃんからお孫さんに3000万円の住宅資金を贈与してもらう、ということです。合計4500万円まで無税で贈与ができるということになりました。

株主には高い利益率を課して高い配当を、それからいっぱい資産を持っている人には生前贈与で、無税でお子さんやお孫さんに財産を渡せます、それで働いている人には残業代はもうやめましょう、ということになります。一応、１０７５万円ですから、まだ関係ないかもしれません。１０７５万円以上の人は管理職ですから、もともと残業代はつかないのですけど、いったん法律をつくれば徐々に下げていって、気がついたら平均年収まで下がっていたということになれば、残業代も付かないで「24時間働けますか」、という80年代が蘇ってきます（笑）。そういう残業代なし、24時間働ける社員が求められるという方向に向っているわけです。

「呪術の世界」と「3・11」の意味

近代社会になって民主主義になって、ちゃんと努力した人には報いましょう、という社会はもう95年の段階で終わっている。終わったなら、どうしなければいけないかということを考えなければいけない。しかし、終わったことにしないで、まだ成長戦略のままで2%成長が達成できる、「気合いだ!」って言っている（笑）。日銀総裁がそう言い始めたわけですから、「気合いだ!」って言った瞬間に、もう科学ではなくて呪術の世界になります。いまの政府というのは近代国家を表明しながら、政策は呪術を使っている。気合いが足りないというお呪いです。日銀が２％になると言っているんだから、みんな信じなさいという。日銀総裁が記者会見で言っていることを、簡略的に言うとそうなる。いままでの日銀は、真面目にインフレにするとは言っていなかった、と現総裁は言うわけです。嫌々ながらインフレにすると言って、気合いが足りないことを見透かされていたので実現できなかったのだ、私（日銀総裁）は気合いを入れてやるんだから、みんな信じるはずだ、みんなが信じれば日銀は物価が２％になると言っているんだから、みんな値上げするでしょう、と言った（笑）。しかし、そうは全然なってない。

金融政策はもう呪術の世界に入っています。金融政策だけじゃなくて、原発が爆発して最初の数カ月は、国営放送に専門家が出てきて制御できるから大丈夫だ、と言っていた。オリンピック誘致のときも「アンダーコントロール」と言っていたわけです。国立競技場やエンブレムでもすったもんだしています。嘘を言ってはいけない。嘘は最初の「アンダーコントロール」で始まっている。建設費が１３００億円が３０００億円につり上がっていて、あれも嘘を言ったのではないかということで、文科省の人も批判されています。「３・11」というのは、原子力工学は完璧なものではない、ということだったと思います。原子力工学というのは巨大なシステムです。あらゆる技術を集めてつくっていく。地震に耐えて、津波にも耐える高度な技術です。それが地震には無残にも対処しようがなかった。さきほどのコペルニクスより少しあとの人ですが、フランシス・ベーコンという人は「技術は自然との競争で必ず勝利できると確信している」ということを、1620年に出された『ノヴム・オルガヌム』の中で言っています。それが鉄道の技術とか、電気や自動車の技術、飛行機の技術になっていきました。「3・11」の意味というのは、自然との競争において技術が負けたということだと思います。それは技術が負けたと同時に、経済合理性も負けたということです。東北電力は専務だったか副社長だったか、一人の人が女川原発は絶対に貞観地震のときの津波が来たところよりも上にしなければだめだ、と強く主張しました。東北電力の役員会では大反対されたのですが、原発の責任者が説き伏せて結局、高台につくりました。一方、東京電力のほうは、他の原発会社の人が福島に行って「ここはちょっと低いのではないか。もうちょっと高台のほうがいいのではないか」ということをやんわりと言ったら、何をこの田舎侍が東京電力に向って批判するのだ、と言わんばかりのことを言われて、議論はそれきりになってしまったそうです。これはその電力会社の社長から直接うかがった話です。東京電力というピラミッド構造があって、その他は皆東京電力の言っていることを聞いていればいい、という雰囲気だったそうです。近代になって「傲慢」にとってかわって「貪欲」が前面にでてきたのですが、東京電力は「傲慢」かつ「貪欲」なわけで、この点でも前近代社会になっています。結局は、「傲慢」と「貪欲」が自然に負けたのです。

あと150年続くのか？

あらゆる近代の前提が崩壊しています。本当はそれを認めなければいけない。認めなければ次に行けないわけです。大丈夫、成長すれば何とかなる、年金も何とかなる、それで気合いで物価も上がる、そうこうしているうちに事態はどんどん悪化していくということになります。現実はもう近代じゃないのに近代を続けていこうということをずっとやっている。これは71年からそうなっていると思います。今年は71年から約40年ですから、いまが特に悪いか、だらしないかと言うと、どうもそうではない。コペルニクスが言い出して、それを証明したニュートンは、まだ「あの人、おかしいんじゃないの」、「変人だ」と言われていていました。結局、ローマの教会が言っていることのほうが変だ、と気がつくのは1700年代になってからのことです。ですからコペルニクスが言ってから150年かかっている。40年というのは1世代です。150年は3世代になります。まだ1世代ですから、あと4世代くらい経ないと、近代は終わったということをみんなが納得できないのかもしれない、というふうにも思います。

瀬戸際に立たされている日本

日本がやらなければいけないことは何なのか。近代システムは機能不全になっているわけです。近代というのは地球を一つにする、「七つの海」を統一する、というイギリスの理念があります。それはグローバリゼーションで、アフリカまで七つの海を統一して五つの大陸も統一して、経済的には社会市場を一つにした。グーグルとかアップルとかアマゾンのような会社が優良企業ということになります。近代がやろうとしていたことは、経済的には実現できた。そこで次にどうするか。

たとえば、アメリカは世界の警察官をやめているわけです。慶応の小林（節）先生が「自衛隊はアメリカの第2軍だ。それが集団的自衛権だ」ということを言っています。2軍なら試合に出なければいいんですけど、たぶん最前線に行くことになる。アメリカが世界秩序を維持することができないと言っているのに、日本が一緒になって維持しましょうと言っている。つまり、集団的自衛権というのは、頑張って近代を続けていきましょう、という政策でもあると思います。

いま、日本がやっている政策は害もないし利益にもならない、だから一生懸命やっても別に弊害もない、というならまだいいわけですけど、時代はそっちじゃないのにあたかもそっちに時代が向いているのだということを、一生懸命やっている。しかし、時代の流れは政治家には変えられない。コペルニクスが言ったことは、当時最大の権力者だったローマ教会だって変えられなかった。ビスマルクだって次を読んでいた。フランス革命が起きて市民社会、普通選挙という流れがきたら、プロイセンも普通選挙をしなければならない、ということなのです。そのときに普通選挙だけじゃプロイセンにとって何のメリットもないわけだから、ついでにオーストリア＝ハンガリー帝国から独立しよう、ということで普通選挙を持ちかけたら断られたために、独立を果たした。普通選挙の流れは変えられないということを読んで、その流れをどうやって自分の国の国益に繋げるかということを考えて、長年の懸案だったオーストリア＝ハンガリー帝国から独立することを一気にやったということです。

いまが近代じゃないというのが正しいとすれば、近代の延長線上の政策を採ることが一番やってはいけないことであって、次にどういう社会がくるかということを考えなくてはいけない。ドルが動いてもう40年経ちましたから、コペルニクスの例で言えば、あと10年で次の動きが出てくると思います。日本は、当時のオランダやイギリスのように、こういう方向でいけばいろんな問題が解決できます、ということをしなければいけないというふうに思います。

それではどうしたらいいのか。一つだけ言えることがあります。近代というのはより速く、より遠く、より合理的にということでしたので、この三つはやってはいけないことになります。したがって、よりゆっくり、より近く、より寛容にという延長線上で考えていくということだと思います。時代のトレンドはいままでとはおそらくまったく逆向きなんだということです。いま、運転免許を取らない人が増えているというのは、遠くに行ったって何もないということが分かっているので、遠くに行く手段としての自動車の免許は要らない、ということだと思います。よりゆっくりというのは、どういうことなのか私もよく分からないのですが、こういうことではないでしょうか。22歳で社会に出るのではなくて、もっと後ろにずらして、定年の年齢も後ろにずらす。15歳から64歳というＩＬＯが決めた生産年齢人口も、日本は28歳から75歳というふうに後ろにずらすということにする。これからどういう社会になるか、ということを学生の間にちゃんと考える時間をたくさん与える必要があります。

しかし、大学を職業訓練校にしよう、文化系は要らないというのは、これは相変わらず技術の時代を信奉している「技術信奉教」です。気合いを入れる「気合い教」と、それから技術で何とかなるという「技術信奉教」というのがいまの文科省です。文科系は要らない、文科系は手に職をつけて言われたとおりに動けばいいんだ。その言われたことは何かというと、全部近代理念に基づいて、より速く、より遠く、より合理的に、と指導されるわけですから、百害あって一利なし、という方向に向っている。そういう正念場と言いますか、瀬戸際に日本は立たされている、と思っています。(「「近代社会」のあらゆる前提が崩壊する中で」『利賀から世界へＮＯ．７』２０１５年12月)

水野和夫《みずのかずお》

一九五三年生まれ。法政大学教授。七七年、早稲田大学政治経済学部卒業。八〇年、同大学大学院経済学研究科修士課程修了後、八千代証券（国際証券、三菱証券を経て現三菱ＵＦＪモルガン・スタンレー証券）に入社。三菱ＵＦＪ証券チーフエコノミストを経て、二〇一〇年退社。同年、内閣府大臣官房審議官（経済財政分析担当）。一一年、内閣官房内閣審議官（国家戦略室）。一二年、退官。『１００年デフレ』『人々はなぜグローバル経済の本質を見誤るのか』『終わりなき危機　君はグローバリゼーションの真実を見たか』（以上、日本経済新聞社）、『世界経済の大潮流』（太田出版）、『資本主義の終焉と歴史の危機』（集英社新書）など著書多数。

at《プラス》叢書 14

国貧論

二〇一六年七月二七日　初版第一刷発行

著者　水野和夫
ブックデザイン　鈴木成一デザイン室
編集　綿野恵太
営業担当　林和弘
発行人　落合美砂
発行所　株式会社太田出版
〒一六〇-八五七一　東京都新宿区愛住町二二　第三山田ビル四階
電話　〇三-三三五九-六二六二　ＦＡＸ〇三-三三五九-〇〇四〇
振替　〇〇一二〇-六-一六二一六六
ホームページ　http://www.ohtabooks.com/
印刷・製本　中央精版印刷株式会社
ISBN978-4-7783-1531-3 C0033

世界経済の大潮流
経済学の常識をくつがえす資本主義の大転換

水野和夫

資本主義はどこに向かうのか？ 世界経済のかつてない変化を解き明かし、未来の経済を構想する新しい経済書。各紙誌で絶賛された話題の書。大好評6刷!!

哲学の自然

中沢新一
國分功一郎

3・11以降の新しい「自然哲学」は、哲学の自然を取り戻す試みであり、自然も含めた民主主義を目指す運動である。原発に対置されるべき原理を探る実践的哲学書。

永続敗戦論
戦後日本の核心

白井聡

一九四五年以来、われわれはずっと「敗戦状態」にある。戦後日本の基本構造を暴き、「屈辱」のなかに生きることを拒絶せよ！ と説く、気鋭の政治学者による未来のための書。

理想の村マリナレダ

ダン・ハンコックス
プレシ南日子(訳)

家賃一五ユーロ、警官ゼロ、最低賃金の二倍以上の給料がもらえる村営農場……。三〇年以上続く、スペインに実在する村「マリナレダ」。「共産主義者のユートピア」とも呼ばれる村の歴史と実態に迫ったルポルタージュ。

資本の世界史
資本主義はなぜ危機に陥ってばかりいるのか

ウルリケ・ヘルマン
猪股和夫(訳)

資本主義を考えるための必読書と絶賛され、各国で翻訳予定のドイツ発ベストセラー待望の邦訳登場！ ドイツの気鋭経済ジャーナリストが、成り立ちや度重なる危機といった歴史から資本主義の輪郭を浮かび上がらせる。